Christian Dobler-Eggers

Welche Auswirkungen hat Ressourcenreichtum auf regionaler Ebene?

Empfehlungen zur Eindämmung der Holländischen Krankheit

Bibliografische Information der Deutschen Nationalbibliothek:

Die Deutsche Nationalbibliothek verzeichnet diese Publikation in der Deutschen Nationalbibliografie; detaillierte bibliografische Daten sind im Internet über http://dnb.d-nb.de abrufbar.

Impressum:

Copyright © EconoBooks 2021

Ein Imprint der GRIN Publishing GmbH, München

Druck und Bindung: Books on Demand GmbH, Norderstedt, Germany

Covergestaltung: GRIN Publishing GmbH

II

Inhaltsverzeichnis

Tabellenverzeichnis..V

Abbildungsverzeichnis VI

Abkürzungsverzeichnis...VII

Symbolverzeichnis VIII

1 Einleitung..1

2 Wissenschaftlicher Hintergrund 4

    2.1 Die verschiedenen Kanäle des Ressourcenfluchs 4

    2.2 Ursprung und Bedeutung der Holländischen Krankheit 5

    2.3 Die Verwendung von Ressourceneinnahmen 7

    2.4 Aktueller Stand der Forschung 10

    2.5 Methodischer Ansatz 13

3 Theoretischer Rahmen 15

    3.1 Die Holländische Krankheit auf Länderebene..15

    3.2 Die Holländische Krankheit auf regionaler Ebene.................................24

    3.3 Ein Modell zur regionalen Holländischen Krankheit.............................27

4 Empirische Betrachtung..34

    4.1 Empirische Vorgehensweise 34

    4.2 Ausgaben- und Ressourcenbewegungseffekt 34

    4.3 Bevölkerung und Löhne 36

    4.4 Die Beschäftigung im handeltreibenden Sektor 39

    4.5 Die Produktivität des handeltreibenden Sektors....................................41

    4.6 Langfristige Auswirkungen und Wirtschaftswachstum.........................43

    4.7 Regionale Übertragungskanäle 45

    4.8 Abmilderungseffekte 46

5 Diskussion **48**

    5.1 Schlussfolgerungen und weiterführende Überlegungen 48

    5.2 Einordnung und Ausblick 51

    5.3 Politische Handlungsempfehlungen 53

6 Fazit **57**

Literaturverzeichnis **60**

Anhang **66**

Tabellenverzeichnis

Tabelle 1: Auswirkungen eines Rohstoffbooms auf regionaler Ebene 37

Tabelle 2: Langzeiteffekte des Ressourcenbooms zwischen 1970 und 1980 43

Tabelle 3: Die Holländische Krankheit innerhalb von Kanada 56

Tabelle 4: Die verschiedenen Teilsektoren des verarbeitenden Gewerbes 57

Abbildungsverzeichnis

Abbildung 1: Der optimale Verbrauch von Ressourceneinnahmen 8

Abbildung 2: Der Ressourcenbewegungseffekt 17

Abbildung 3: Der Ausgabeneffekt 18

Abbildung 4: Auswirkungen des Booms auf den Arbeitsmarkt 19

Abbildung 5: Auswirkungen des Booms auf den Rohstoffmarkt 21

Abbildung 6: Eine Arbeitskraft importierende Volkswirtschaft 23

Abbildung 7: Regionale Entwicklung ökonomischer Variablen 38

Abbildung 8: Entwicklung der Beschäftigung im verarbeitenden Gewerbe 40

Abbildung 9: Beschäftigung und Produktivität im handeltreibenden Sektor 42

Abbildung 10: Wachstum und Ressourcenabhängigkeit 1970-1989 66

Abkürzungsverzeichnis

Abb.	Abbildung
CO_2	Kohlenstoffdioxid
LBD	Learning by Doing
PIH	Permanente Einkommenshypothese
REIS	Regionales Wirtschaftsinformationssystem
RER	Realer Wechselkurs
RME	Ressourcenbewegungseffekt
s.	siehe
SE	Ausgabeneffekt
SWF	Staatsfonds
Tab.	Tabelle

Symbolverzeichnis

A	Lebensqualität
C	Konsum
ε	Individuelle Präferenz
h	Unterkunft
j	Produktionssektor
$1/k$	Preiselastizität des Wohnungsangebots
l	Lokaler Sektor
LM	Arbeitsnachfrage des verarbeitenden Gewerbes
LS	Arbeitsnachfrage des Dienstleistungssektors
LT	Arbeitsnachfrage der handelbaren Güter
m	Handeltreibender Sektor
N	Mitarbeiter
N'	Lohn-Preis-Spirale
ON	Einkommens-Verbrauchskurve
$OSOT$	Gesamtes Arbeitskräfteangebot
P	Preis
P_n	Preisniveau nicht handelbarer Güter
P_t	Preisniveau handelbarer Güter
r	Rohstoffsektor
R	Ertrag
s^2	Skalenparameter
t	Zeit
TS	Transformationskurve
U	Nutzen
w	Lohn
X_e	Erzeugnisse Rohstoffsektor
X_m	Produktion des verarbeitenden Gewerbes

X_s	Dienstleistungen
θ	Learning by Doing-Effekt
Λ	Agglomerationseffekt
Ω	Physische Produktivität

1 Einleitung

Schon 1576 bemerkte der französische Staatstheoretiker Jean Bodin, dass Menschen mit fettem und fruchtbarem Boden in der Regel verweichlicht und feige seien, während ein karges Land die Menschen in eine gemäßigte Notlage brächte und sie damit zu vorsichtigen, wachsamen und fleißigen Menschen mache (vgl. Bodin 1606 [1576], S. 565)[1]. Das Paradox des Überflusses, auch „Ressourcenfluch" genannt, ist seit langem ein beliebtes und kontrovers diskutiertes Thema weit über die Grenzen der Ökonomie hinaus. Mitte bis Ende des 18. Jahrhunderts überwog die Überzeugung von Ökonomen, wie Adam Smith und David Ricardo, dass Länder, die mit natürlichen Ressourcen gesegnet seien, schnell wachsen und einen hohen Wohlstand erreichen würden. Erst durch eine verbesserte Möglichkeit der Datenerhebung und Methodik beobachteten Wirtschaftswissenschaftler in den letzten Jahrzehnten, dass ressourcenreiche Länder tendenziell langsamer wachsen als Länder mit weniger natürlichen Ressourcen. Belegt sind solche Daten unter anderem für Japan, Südkorea und die Schweiz, die trotz eines Mangels an natürlichen Ressourcen relativ hohe Wachstumsraten aufweisen und zu den wohlhabendsten Ländern zählen. Im Gegensatz dazu sind Länder wie Mexiko, Nigeria, Venezuela oder teilweise auch die Golfstaaten trotz ihres Ressourcenreichtums ökonomisch abgehängt (vgl. Papyrakis und Gerlagh 2007, S. 1012).

Negative Folgen des Ressourcenfluchs in diesen Regionen sind unter anderem übermäßige Verschuldung, Diktatur und Korruption, politische Instabilität, Vernachlässigung von Bildung, Umweltzerstörung und die Holländische Krankheit (vgl. Bardt 2005, S. 33). Wenn es nach einem Ressourcenboom zu einer Deindustrialisierung kommt, wird dieses wirtschaftliche Phänomen, in Anlehnung an die strukturellen Veränderungen der niederländischen Wirtschaft nach Erschließung großer Erdgasvorkommen in den 1970er Jahren, als Holländische Krankheit bezeichnet (vgl. The Economist 1977, S. 82–83). Allgemein erhöht der Zufluss an Devisenerlösen, basierend auf den Rohstoffexporten, den realen Wechselkurs, wodurch das verarbeitende Gewerbe seine Wettbewerbsfähigkeit gegenüber dem Ausland verliert (vgl. Bardt 2005, S. 38).

---

[1] Der französische Originaltext von Jean Bodins Werk „Six livres de la République" aus dem Jahr 1576 wurde 1606 von Richard Knolles erstmals ins Englische übersetzt und von Gary Bishop in London veröffentlicht. Das angegebene Zitat befindet sich in Buch 5, Kapitel 1 auf Seite 565. Bodin greift dort die Gedanken vom römischen Gelehrten Titus Livius (59 v. Chr.–19 n. Chr.) auf.

Im Sinne der Präferenzordnungen[2] ist zunächst intuitiv davon auszugehen, dass Regionen, die mehr Ressourcen haben, wohlhabender sind als Regionen, die keine natürlichen Ressourcen abbauen können. Wenn Rohstoffreichtum durch strukturelle Anpassungen allerdings auf nationaler Ebene ein Problem darstellt, ist davon auszugehen, dass dies auch für die regionale Ebene gilt. Gerade im Hinblick auf die aktuellen Entwicklungen, die zunehmende Umweltverschmutzung, den Klimawandel oder die Globalisierung stellt sich daher die Frage, ob Regionen einen Ressourcenboom fördern oder eindämmen bzw. in andere umweltfreundlichere Bereiche investieren sollten. Dazu ist es wichtig, die ökonomischen Vor- und Nachteile des Abbaus quantifizieren zu können. Auf der einen Seite argumentiert ein Teil der politischen Entscheidungsträger mit einem Trade-off zwischen Wirtschafts- und Umweltinteressen (vgl. Mildenberger und Leiserowitz 2017, S. 801–802). In der Argumentation tragen natürliche Ressourcen wie Öl, Gas oder Kohle maßgeblich zum wirtschaftlichen Wohlstand bei, während ein gewisser Grad an Umweltverschmutzung in Kauf genommen wird. Auf der anderen Seite wurde bereits in einigen Regionen, unter anderem in Deutschland, Frankreich, Kanada, Südafrika oder den USA, hydraulisches Fracking aus Umweltschutzgründen verboten (Rosenbaum 2016) und somit auch auf vermeintlich ökonomische Vorteile des Ressourcenabbaus verzichtet.

Diese Masterarbeit untersucht die Frage, welche lokalen Auswirkungen Ressourcenreichtum auf Regionen innerhalb von Ländern hat. Profitiert eine Region von einem Ressourcenboom oder gibt es einen „Ressourcenfluch", der durch die Mechanismen der Holländischen Krankheit lokal zu einer Deindustrialisierung führt? Aus dieser Frage ergibt sich die Leitfrage der Masterarbeit: Sollen ressourcenreiche Regionen und ihre Entscheidungsträger am Rohstoffsektor festhalten? In der Arbeit werden lokale Kennzahlen wie Beschäftigung, Löhne und Exporte zur Beantwortung der Leitfrage, sowohl aus theoretischer als auch aus empirischer Sicht, untersucht.

Der Forschungsbereich zu den regionalen Auswirkungen der Holländischen Krankheit hat sich in den letzten Jahren mit dem wachsenden politischen Interesse an der Stärkung der Widerstandsfähigkeit von Volkswirtschaften gegenüber

---

[2] Die aus der Mikroökonomie stammenden Präferenzordnungen, geben eine Möglichkeit zur Bewertung von Güterbündeln nach Reflexivität, Transitivität und Vollständigkeit an. Sofern es sich um ein normales Gut handelt, was bei der Ressourcenausstattung angenommen werden kann, implizieren die Axiome, dass eine größere Ausstattung immer mehr Nutzen hat als eine geringere Ausstattung von der gleichen Ressource.

Wirtschafts- und Finanzkrisen deutlich erweitert (vgl. Boschma, 2015 S. 734). Die regionale Betrachtung der Holländischen Krankheit hat aus wissenschaftlicher Sicht den Vorteil, dass die Regionen innerhalb eines Landes nur geringe Unterschiede bezüglich Sprache, Qualität der Institutionen, kultureller Merkmale und der Geld- oder Fiskalpolitik aufweisen. Damit sind allgemeinere Rückschlüsse möglich und die Forschungsergebnisse nicht nur spezifisch für das Land, in dem eine Fallstudie durchgeführt wird. Die Betrachtung der Holländischen Krankheit auf regionaler Ebene unterscheidet sich dabei von der nationalen Perspektive. Lokale strukturelle Anpassungen erfolgen normalerweise über eine Preisinflation bzw. das Lohnniveau, während Wechselkursmechanismen in diesem Kontext eine untergeordnete Rolle spielen, da Regionen eines Landes die gleiche Währung haben.

Die vorliegende Arbeit verknüpft einen traditionellen Ansatz zur Untersuchung der Holländischen Krankheit mit der regionalen Betrachtung des Phänomens durch die Verwendung eines modernen Ansatzes und stellt damit eine Verbindung zwischen zwei verwandten Forschungsgebieten her. Um die aufgeworfene Leitfrage bewerten zu können, ist die Masterarbeit wie folgt gegliedert: Im zweiten Kapitel werden die Hintergründe der Holländischen Krankheit sowie der aktuelle Forschungsstand vorgestellt und eingeordnet. Im dritten Kapitel wird der theoretische Rahmen dieser Arbeit von zwei Modellen gebildet, die die Aspekte des Strukturwandels nach einem Ressourcenboom analysieren. Neben dem Ressourcenbewegungseffekt und dem Ausgabeneffekt werden so auch Learning by Doing- und Agglomerationseffekte theoretisch hergeleitet. Im vierten Kapitel werden die aus der Theorie abgeleiteten Vorhersagen empirisch untersucht und mit weiteren Studien verglichen. Im fünften Kapitel wird die These bewertet. Mithilfe der Erkenntnisse aus der Beschäftigung mit der Holländischen Krankheit innerhalb von Ländern kann die Leitfrage als Grundlage für politische Handlungsempfehlungen beantwortet werden. Das abschließende Fazit beinhaltet auch eine Motivation zur weitergehenden Beschäftigung mit dem Thema.

2 Wissenschaftlicher Hintergrund

Die Holländische Krankheit ist ein vielfältiges Forschungsgebiet mit interdisziplinären Ansätzen. Zunächst werden die verschiedenen Perspektiven der Literatur zum Ressourcenfluch eingeordnet und die namensgebende Holländische Krankheit anhand der ökonomischen Krise in den Niederlanden in den 50er und 60er Jahren vorgestellt. Daraus wird deutlich, dass das Management der Ressourceneinnahmen von entscheidender Bedeutung für die Ausprägung der Krankheitssymptome ist. Im Anschluss wird neben dem aktuellen Forschungsstand auch die methodische Vorgehensweise zur Beantwortung der Leitfrage hergeleitet.

2.1 Die verschiedenen Kanäle des Ressourcenfluchs

Der Begriff „Ressourcenfluch" wurde erstmals von Richard Auty (1993) in seiner Arbeit zur nachhaltigen Entwicklung der Mineralökonomie erwähnt. Die Ursachen und Folgen des Ressourcenfluchs können in ihrem vollen Umfang nur interdisziplinär erfasst werden. Verschiedene Fachbereiche haben sich bereits mit dem Ressourcenfluch auseinandergesetzt. Interdisziplinäre Ansätze gibt es bisher allerdings nur in geringer Anzahl, was auf die unterschiedlichen Fragestellungen, die die Forscher aus den verschiedenen Disziplinen antreiben, zurückzuführen ist. Während ein Ökonom grundsätzlich eine Frage identifiziert und zu beantworten versucht, geht im Gegensatz dazu ein Anthropologe in der Regel den Fragen nach, um einen Sinn dahinter zu finden, statt konkrete Antworten zu geben (vgl. Gilberthorpe und Papyrakis 2015, S. 3).

Ökonomen und Sozialwissenschaftler wie Politikwissenschaftler, Institutionssoziologen oder Geographen haben sich überwiegend mit den Auswirkungen von Rohstoffreichtum auf der Makroebene beschäftigt. Die Holländische Krankheit ist diesem Zweig zuzuordnen. Die dort entwickelten Theorien liefern einen differenzierteren Rahmen, um die makroökonomischen Auswirkungen des Rohstoffreichtums auf Handelsmuster und Wirtschaftswachstum zu untersuchen (vgl. Gilberthorpe und Papyrakis 2015, S. 6). Ein großer Bereich der Literatur zum Ressourcenfluch beschäftigt sich mit der institutionellen Analyse der politischen Ökonomie auf Makroebene. Vor allem die Sozialwissenschaften befassen sich in diesem Kontext mit der Beziehung zwischen Rohstoffreichtum und nichtwirtschaftlichen Variablen. Anhand dieses Ansatzes wird untersucht, wie Rohstoffe die institutionellen Dimensionen wie Rechtstaatlichkeit oder Korruption die Demokratie und Konflikte beeinflussen oder mit diesen interagieren (vgl. Gilberthorpe und Papyrakis 2015, S. 8). Ein weiterer bedeutender Zweig innerhalb der Literatur befasst sich mit dem

Ressourcenfluch auf Mikroebene. Dabei untersuchen vor allem Nichtökonomen die Auswirkungen der Rohstoffindustrie auf die Beziehungen zwischen einzelnen Behörden und Gemeinschaften sowie die kulturellen Merkmale, die das Handeln und die daraus folgenden Ergebnisse bestimmen. Diese Studien untersuchen, wie und warum Prozesse der Ressourcengewinnung bestimmte Arten von Reaktionen hervorrufen (vgl. Gilberthorpe und Papyrakis 2015, S. 14).

Abhängig vom fachlichen Hintergrund der Forscher werden unterschiedliche Forschungsmethoden verwendet, um den Ressourcenfluch zu untersuchen. Ökonomen wenden vermehrt eine länderübergreifende Regressionsanalyse an, um den Zusammenhang zwischen Rohstoffreichtum und einigen Entwicklungsvariablen wie Wirtschaftswachstum, Investitionen, institutioneller Qualität, Konflikte usw. zu untersuchen. Dieser Ansatz unterscheidet sich stark von den durch die Sozialwissenschaftler gewählten Methoden. Die Wahl der Methode beeinflusst maßgeblich auch die Ergebnisse und Erkenntnisse, die aus entsprechenden Studien gewonnen werden können (vgl. Gilberthorpe und Papyrakis 2015, S. 17). Diese Arbeit untersucht die Holländische Krankheit als eine negative Folge des Ressourcenfluchs, wobei im Folgenden vor allem ökonomische Ansätze und Methoden verfolgt werden.

2.2 Ursprung und Bedeutung der Holländischen Krankheit

Entstehung und Verlauf der Holländischen Krankheit lassen sich exemplarisch am namensgebenden Beispiel aus den Niederlanden in den 50er und 60er Jahren darstellen. 1977 wurde erstmals in einem Artikel der britischen Wochenzeitung „The Economist" die schlechte gesamtwirtschaftliche Situation der Niederlande als „Holländische Krankheit" (engl. Dutch disease) bezeichnet (vgl. The Economist 1977, S. 82–83). Der Grund für die Tatsache, dass die Niederlande in den späten 50er und frühen 60er Jahren mehr ökonomische Probleme hatten als andere europäische Länder, hängt paradoxerweise auch mit den 1959 entdeckten Gasreserven zusammen. Nach der Entdeckung von Erdgas, einer wertvollen Ressource für den Energiesektor, wertete der niederländische Gulden stark auf. Dies führte zu einer Inflation, die wiederum Wettbewerbsfähigkeit und Rentabilität des Dienstleistungssektors und des verarbeitenden Gewerbes verminderte (vgl. Gylfason 2001, S. 1–2). Der Artikel aus dem Economist (1977) argumentiert, dass die Ursache der Holländischen Krankheit aufgrund von drei Faktoren entstand:

- Die Währung war zu stark. Als das Gas entdeckt wurde, entschied sich die niederländische Regierung für eine schnelle Ausbeutung dieser Ressource. Das führte sowohl zu niedrigen Preisen in der Energieversorgung im Inland als auch bei langfristigen Exportverträgen. Auf diese Weise verbesserte sich die Leistungsbilanz deutlich auf einen durchschnittlichen Überschuss von 2 Mrd. US-Dollar zwischen 1972 und 1976. In diesem Zeitraum wurde die sich verbessernde Kapitalbilanz teilweise durch Kapitalabflüsse ausgeglichen. So waren die Niederlande in den Jahren 1967–1971 noch Empfänger ausländischer Investitionen, während das Land in den Jahren 1972–1976 zum Nettoinvestor im Ausland wurde. Durch diese Kapitalabflüsse konnte verhindert werden, dass die niederländische Industrie ihre Attraktivität für ausländische Importeure verlor. Die verhältnismäßig geringen Abflüsse konnten eine dauerhafte Wertsteigerung des Guldens allerdings nur aufschieben und nicht verhindern. Folglich ging der heimischen industriellen Exportwirtschaft die Wettbewerbsfähigkeit verloren (vgl. The Economist 1977, S. 82).

- Die Industriekosten stiegen aus den folgenden Gründen erheblich an. Die Wirtschaft kam durch ein neues Mindestlohngesetz, das zu deutlichen Lohnsteigerungen führte, unter Druck. Zusätzlich stiegen die Sozialversicherungsbeiträge deutlich an, während die Vorschriften für Umwelt- und Beschäftigungsstandards verschärft wurden (vgl. The Economist 1977, S. 83).

- Die niederländische Regierung entschied sich dafür, die zusätzlichen Ressourceneinnahmen für Staatsausgaben zu verwenden, die aus ökonomischer Perspektive nicht wachstumsfördernd erschienen. So wurde ein Großteil dieser Ausgaben in Form von Transferzahlungen wie Rente und Arbeitslosengeld getätigt und nicht für Investitionen, wie beispielsweise die Verbesserung des Humankapitals, verwendet (vgl. The Economist 1977, S. 83).

Der Ressourcenboom von 1959 wurde für die Niederlande mit der einsetzenden Deindustrialisierung, also dem Schrumpfen des produzierenden Gewerbes, zum Ressourcenfluch. Es gibt verschiedene weitere Beispiele, an denen man ebenfalls Symptome und Ursachen der Holländischen Krankheit festmachen kann. Sie tritt dabei nicht nur bei Rohstoffreichtum auf. Transferzahlungen, Entwicklungshilfe (Rajan und Subramanian 2005) oder gut gemeinte Solidaritätszahlungen wie die Gelder für den „Aufbau Ost" können durch die gleichen fundamentalen Mechanismen ebenfalls zu negativen Auswirkungen auf die wirtschaftlichen Entwicklungen von Regionen oder Ländern führen (Sinn 2001). Das Verständnis über die Mechanismen der Holländischen Krankheit hat auch außerhalb der Wissenschaft für

Politik und Gesellschaft eine relevante Bedeutung. Eine intelligente Wirtschaftspolitik stärkt mit gezielten Maßnahmen die Wettbewerbsfähigkeit, erhöht die Widerstandsfähigkeit gegenüber Krisen und schafft ein hohes Innovations- und Investitionsklima.

2.3 Die Verwendung von Ressourceneinnahmen

Den Gesetzten der Transitivität entsprechend, erscheinen mehr Einnahmen aus natürlichen Ressourcen grundsätzlich besser als weniger Einnahmen. Das Beispiel aus den Niederlanden zeigt jedoch, dass die Verwendung der Ressourceneinnahmen zur Entstehung der Holländischen Krankheit beiträgt. Es stellt sich daher für politische Entscheidungsträger die Frage, wie mit dem Einkommen infolge eines Ressourcenbooms umgegangen werden soll. Die Hartwick-Regel zur Nutzung von Ressourceneinnahmen besagt, dass Erträge aus nicht erneuerbaren Rohstoffen vollständig in Humankapital fließen sollen und nur das verbleibende Nettosozialprodukt für den Konsum freistehen soll (vgl. Hartwick 1977, 972). Darauf aufbauend empfiehlt Joseph Stiglitz (2006, S. 148–149) zur Vermeidung der Holländischen Krankheit auf Länderebene, dass Devisen in Höhe des Leistungsbilanzüberschusses nicht umgetauscht, sondern im Ausland investiert werden sollten.

Die langfristige Betrachtung der optimalen Verwendung von Ressourceneinnahmen auf nationaler Ebene bezieht sich auf deren Auswirkungen auf den realen Wechselkurs sowie die sich daraus ergebenden Konsequenzen für den nicht ressourcenabhängigen, handeltreibenden Sektor. Die Platzierung von Ressourceneinnahmen in einem Staatsfonds mildert auf der einen Seite die Wechselkurssteigerung und hält damit die internationale Wettbewerbsfähigkeit vom exportorientierten verarbeitenden Gewerbe hoch. Auf der anderen Seite müssen bei den Entscheidungen über die Verwendung von Ressourceneinnahmen auch politische Probleme gelöst werden. Die Regierungen rohstoffreicher Regionen stehen oft unter Ausgabendruck und tätigen kurzfristige Ausgaben zur Finanzierung von Wahlgeschenken. Dabei sparen sie zumeist keinen ausreichenden Anteil an den zusätzlichen Ressourceneinnahmen. Das Wachstum des nicht handeltreibenden Sektors, die reale Aufwertung des Preisniveaus und der damit verbundene Rückgang des handeltreibenden Sektors können nur dann vermieden werden, wenn ein Staatsfonds keine zusätzlichen Ausgaben für nicht handelbare Waren tätigt (vgl. Van der Ploeg und Venables 2011, S. 27–28).

In der aktuellen Forschung gibt es verschiedene theoretische Konzepte zur optimalen Verwendung von Ressourceneinnahmen, um mögliche negative Folgen wie die Holländische Krankheit zu vermeiden und langfristig zu einem höheren Wachstumspfad zu gelangen. Zu den bekanntesten Theorien gehört die permanente Einkommenshypothese (PIH), die „Bird-in-Hand"-Strategie, die Theorie der optimalen Nutzung der Leistungsbilanz (Sachs 1981) sowie die Entwicklungs-Hypothese (Van der Ploeg und Venables 2011). Um die Ressourceneinnahmen optimal einsetzen zu können, muss festgestellt werden, welche Beträge über welchen Zeitraum zur Verfügung stehen. Anschließend wählen die regionalen Entscheidungsträger die Verwendung der Ressourceneinnahmen. Hier gibt es die Möglichkeit, zum einen in die eigene Binnenwirtschaft zu investieren. Die konkrete Ausgestaltung dieser Aspekte ist stark abhängig von den Strukturen der einzelnen Länder und Regionen, wobei ein gesundes Gleichgewicht zwischen privaten und öffentlichen Inlandsinvestitionen sichergestellt sein sollte. Zum anderen kann das zusätzliche Kapital auch im Ausland durch Erhöhung der Devisenreserven oder über ein Staatsfonds für die zukünftigen Generationen konserviert und vermehrt werden. Es ist zu beachten, dass einkommensstarke Regionen andere Präferenzen haben als Regionen mit einem niedrigen Einkommen (vgl. Van der Ploeg und Venables 2011, S.1–2).

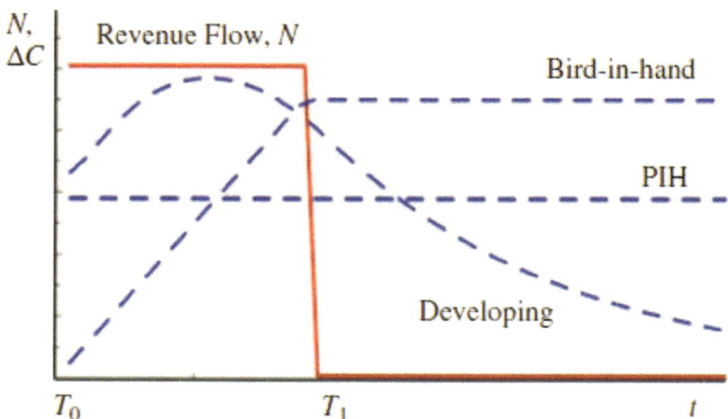

Abbildung 1: Der optimale Verbrauch von Ressourceneinnahmen
Anmerkungen: N= Einkommensstrom
    ΔC   = Anstieg des Konsums
    T   = Zeit
Quelle: Van der Ploeg und Venables 2011, S. 3.

In Abb. 1 sind die Empfehlungen für die Verwendung von Ressourceneinnahmen der einzelnen Theorien dargestellt. N (rot) veranschaulicht den Einkommensstrom, der zum Zeitpunkt $t = T_0 = 0$ neue Einnahmen aus den natürlichen Ressourcen generiert, die bis T_1 konstant fließen und danach abbrechen. Die gestrichelten Linien markieren jeweils den empfohlenen Anstieg des Konsums ΔC, abgeleitet von den einzelnen Theorien zur optimalen Verwendung von Ressourceneinnahmen. Die horizontale Linie bildet die PIH nach, was einem konstanten und permanenten Anstieg entspricht. Dazu gehört das Sparen bei laufenden Einnahmen und der Aufbau eines Staatsfonds, der groß genug ist, um die Zinsen des Fonds zu decken und den Anstieg des Verbrauchs auf Dauer aufrechtzuerhalten. Die Empfehlungen des Internationalen Währungsfonds zur Einrichtung und Verwaltung eines Staatsfond (SWF) [3] basieren zum Großteil auf der PIH. Ein konservativer Ansatz ist die sogenannte „Bird-in-Hand"-Strategie (vgl. Bjerkholt 2002, S. 9–13), nach der alle Einnahmen in den SWF fließen und der zusätzliche Konsum auf die erzielten Zinsen des Fonds beschränkt ist. Sowohl die PIH- als auch die Bird-in-Hand-Strategie übertragen den größten Teil des möglichen Konsums auf zukünftige Generationen. Dies scheint für Regionen mit hohem Einkommen angemessen zu sein (vgl. Van der Ploeg und Venables 2011, S. 3–4). Für Regionen, in denen Kapital knapp ist, besteht zumeist ein erhöhtes Wachstumspotenzial, was durch PIH und Bird-in-Hand nicht optimal ausgeschöpft werden kann. Ein weiterer, als „Entwicklungsstrategie" bezeichneter Ansatz greift dieses Problem auf (vgl. Van der Ploeg und Venables 2011, S. 26). Die „Developing"-Kurve gibt die zeitlich optimale Nutzung der Ressourceneinnahmen für eine kapitalarme Wirtschaft an. Befindet sich diese Wirtschaft auf einem steigenden Konsumpfad, können die Ressourceneinnahmen zunächst vermehrt konsumiert werden.

Um die Holländische Krankheit für alle Regionen gleichermaßen einzudämmen, besagen die weiteren Erkenntnisse ergänzend zur Investitionen in das Humankapital fordernden Hartwick-Regel, dass Ressourceneinnahmen grundsätzlich dazu genutzt werden sollen, das Wachstum der ressourcenunabhängigen Sektoren zu befördern.

---

[3] Staatsfonds = Sovereign wealth fund (SWF).

Investitionen, die in Form einer Kombination aus Investitionen in die Binnenwirtschaft und dem Abbau der Auslandsverschuldung bzw. dem Aufbau von Auslandsvermögen erfolgen, senken zusätzlich den Zinssatz für die heimische Wirtschaft. Dadurch steigt wiederum die Wettbewerbsfähigkeit.

2.4 Aktueller Stand der Forschung

Im Hinblick auf die langfristigen Auswirkungen eines Ressourcenbooms ist die Entwicklung des Wirtschaftswachstums entscheidend für die Existenz der Holländischen Krankheit. Die Fachliteratur zum Wirtschaftswachstum untersucht ausführlich die Veränderung des Produktivitätsniveaus aus verschiedenen Blickwinkeln über verschiedene Sektoren hinweg. So wurde die Veränderung der Produktivität aus zeitlicher Sicht (Baily, et al. 2001), aus der Perspektive der regionalen Wirtschaft (Andersson und Lööf 2011) und mit Blick auf Agglomerationsprozesse (Combes, et al. 2012) gründlich durchleuchtet. Die zeitliche Perspektive bezieht sich hierbei in erster Linie auf die Untersuchung von Konvergenzen und Divergenzen zwischen den Sektoren. Ausgehend von Schumpeters Theorie (1934) zur wirtschaftlichen Entwicklung, beschäftigen sich zahlreiche Studien mit sektorübergreifenden Produktionsunterschieden. Dabei wird die reale Welt durch vereinfachte Modelle des Wirtschaftswachstums mit Konjunkturzyklen und technologischen Veränderungen dargestellt (Fagerberg 2000). In den letzten zwei Jahrzehnten wurden vermehrt Zeitreihenanalyseverfahren zur Bestimmung des Zeitpunkts sektorübergreifender Verzögerungseffekte angewendet. Die Mechanismen und Intensitäten von Agglomerationsprozessen sind ebenfalls von entscheidender Bedeutung. Je näher Regionen geographisch zueinander liegen, umso größer sind auch die wirtschaftlichen Abhängigkeiten und Übertragungseffekte (vgl. Funke und Niebuhr 2005, S. 151).

Während sich der überwiegende Teil der bisherigen Forschungsarbeiten mit der Holländischen Krankheit auf Länderebene beschäftigt, gibt es vergleichsweise wenige Untersuchungen, die das Phänomen in einem regionalen Kontext betrachten. Gerade dieser Forschungsbereich weckte zuletzt vermehrt das politische Interesse. Durch neue Erkenntnisse könnte nämlich auch die Widerstandsfähigkeit regionaler Volkswirtschaften erweitert werden. Spezialisierte Regionen gelten als anfälliger gegenüber Krisen im Vergleich zu homogeneren Regionen (vgl. Boschma 2015, S. 737).

Auf Länderebene wird Ressourcenreichtum zu einem „Fluch", wenn dadurch eine effiziente Allokation der Ressourcen über die verschiedenen Sektoren hinweg verzerrt wird und die Effizienz der Institutionen darunter leidet. Dies wird oft in Entwicklungsländern beobachtet (vgl. Dubé und Polèse 2015, S. 39). In Ländern wie Angola, Russland und Venezuela haben die Jahrzehnte der Ressourcenabhängigkeit dafür gesorgt, dass Produktivität und Einkommen zurückgehen (Mehlum et al. 2006; Oomes und Kalcheva 2007). Sachs und Warner (2001, S. 837) zeigen für den Zeitraum von 1970 bis 1989, dass die Exporte von natürlichen Ressourcen negativ mit dem BIP-Wachstum korrelieren (s. Anhang, Abb. 10). Hoch entwickelte Länder sind ebenfalls von den Symptomen der Holländischen Krankheit betroffen. In Australien führten zwischen 1990 und 2013 höhere Rohstoffpreise sowohl zur Aufwertung des realen Wechselkurses als auch zum relativen Rückgang des verarbeitenden Gewerbes. Diese Form der Deindustrialisierung entspricht den klassischen Symptomen der Holländischen Krankheit. Bei einem Anstieg der realen Rohstoffpreise um 1 % sanken die Sektoren des verarbeitenden Gewerbes im Verhältnis zu den Dienstleistungen in Australien um 0,02 % bis 0,12 % (vgl. Shafiullah et al, 2018, S. 16). Für Kanada kann gezeigt werden, dass mindestens 33 % der Arbeitsplatzverluste innerhalb des verarbeitenden Gewerbes zwischen 2002 und 2007 auf den durch hohe Rohstoffpreise beflügelten kanadischen Dollar zurückführen sind (vgl. Beine et al. 2012, S. 487). Neben Kanada kann auch für Australien ein Verdrängungseffekt sowie ein Rückgang des verarbeitenden Gewerbes nach einem Ressourcenboom beobachtet werden (vgl. Bjørnland und Thorsrud 2016, S. 2251). Für Norwegen gibt es ambivalente Forschungsergebnisse. Brunstad und Dyrstad (1997, S. 89) dokumentieren, dass der norwegische Erdölsektor insgesamt eine schwache Produktionsleistung der gesamten Volkswirtschaft verursacht. Ihre empirischen Ergebnisse zeigen jedoch auch erhebliche Nachfrageeffekte für viele erdölabhängige Berufe. Gylfason (2001, S. 18) entdeckt für Norwegen schwache Anzeichen der Holländischen Krankheit seit Ende der 1990er Jahre. Die wichtigsten Symptome seien stagnierende Exporte, geringe ausländische Direktinvestitionen und das Fehlen von hoch technologisierten Unternehmen in der Fertigungsindustrie. Zehn Jahre später greift Gylfason (2011, S. 10) seine Ideen wieder auf und macht Norwegens Ölexporte für die Verdrängung von rohstoffunabhängigen Exporten im Verhältnis zum BIP verantwortlich. Demgegenüber stehen die Erkenntnisse von Bjørnland und Thorsrud (2016, S. 2251), die belegen, dass der boomende Rohstoffsektor positive Auswirkungen auf die ressourcenunabhängigen Sektoren hat. So könnte die Ausbeutung natürlicher Ressourcen erhebliche Produktivitätsgewinne auch für andere Sektoren nach sich ziehen. Die Erschließung und

Entwicklung der Offshore-Ölförderung benötigt häufig komplizierte technische Lösungen. Dies kann unmittelbar als technischer Fortschritt interpretiert werden, was positive externe Effekte für weitere Sektoren erzeugen kann. Als Voraussetzung müssen die Rohstoffsektoren allerdings mit anderen Wirtschaftszweigen in Verbindung stehen, sodass die gesamte Wirtschaft von Learning by Doing-Effekten profitieren kann (vgl. Bjørnland und Thorsrud 2014, S. 4).

Neben der Anwendung von komplexeren Methoden wird die Forschung auf regionaler Ebene vor allem durch die Qualität der erhobenen Datensätze in verschiedenen Regionen erschwert. Die Auswirkungen des Abbaus natürlicher Ressourcen werden zumeist mittels Fallstudien analysiert (vgl. Papyrakis und Raveh 2014, S. 2). Dadurch ist die Vergleichbarkeit von Ergebnissen über Landesgrenzen hinaus reduziert. Obwohl die Fallstudien eine reiche Quelle für deskriptive Statistiken und qualitative Evidenz darstellen, sind sie für kausale Schlussfolgerungen und externe Validität ungeeignet. Ökonometrische Techniken, die räumliche oder zeitliche Variationen innerhalb von Ländern ausnutzen, werden vermehrt genutzt, um kausale Zusammenhänge und Übertragungskanäle der Holländischen Krankheit zu identifizieren. Zur Identifizierung eines Ressourcenbooms benutzen viele Studien Weltpreisschocks, exogene Änderungen in der Politik oder Änderungen in der Produktion bzw. den Ressourceneinnahmen in einem Paneldatensatz. Dabei verwendet eine große Anzahl von Studien Daten, die für höhere Aggregationsebenen auf Kreis-, Bezirks- oder Gemeindeebene erhoben werden (vgl. Cust und Poelhekke 2015, S. 253–254). Weitere Studien verwenden einen Paneldatensatz mit Daten von Staats- oder Provinzebene (vgl. Papyrakis und Raveh, 2014, S. 4). Damit können Variationen der regionalen Variablen sowie deren externe Einflüsse untersucht und verglichen werden.

Die methodischen Ansätze aktueller Studien deuten darauf hin, dass die bisher gängigen Zwei-Sektor-Modelle (Corden und Neary 1982) immer häufger durch allgemeine Gleichgewichtsmodelle (Alcott und Keniston 2017) ersetzt werden. Die aktuelle Forschung zur Holländischen Krankheit stützt sich auf ein Modell des Wirtschaftswachstums der zwei Geschwindigkeiten. Auf der einen Seite befindet sich der schnell wachsende Sektor nicht handelbarer Güter, während der langsam wachsende Sektor die handelbaren Güter umfasst (vgl. Bjørnland und Thorsrud 2016, S. 2223–2224). Die Autoren wenden beispielsweise ein dynamisch bayesianisches Faktoren Modell (BDFM) an, um die Ausstrahlungseffekte des boomenden Energiesektors auf den Nichtölsektor in Norwegen und Australien zu untersuchen und somit die Symptome der Holländischen Krankheit nachzuweisen. Dieser

Ansatz hat sich sowohl bei der Untersuchung von indirekten Übertragungseffekten als auch bei der Berücksichtigung von Bewegungen exogener Ressourcen bewährt (vgl. Bjørnland und Thorsrud 2016, S. 2249–2250).

Für die inhaltlichen Überlegungen sind einige Zusammenhänge aus der Forschung über die Mechanismen der Holländischen Krankheit von Bedeutung. In einem der ersten und meistzitierten Modelle zerlegen Corden und Neary (1982) den Mechanismus der Holländischen Krankheit in einen Ressourcenbewegungs- und einen Ausgabeneffekt (siehe Kapitel 3). Hinter beiden Effekten steht die Idee, dass ein Ressourcenboom direkt und indirekt auf den handeltreibenden Sektor wirkt und die internationale Wettbewerbsfähigkeit negativ beeinflusst. Ein Großteil dieses Literaturzweigs basiert auf der Verdrängung des verarbeitenden Gewerbes, unter Berücksichtigung von Externalitäten des Rohstoffsektors durch Learning by Doing (Krugman 1987). Je nachdem in welchem Sektor ein Rohstoffboom stattfindet und in Abhängigkeit vom regionalen Kontext verändern sich auch die Auswirkungen auf den restlichen Teil einer Volkswirtschaft. Von besonderem Interesse bei der Untersuchung der Holländischen Krankheit sind die direkten Kanäle, über die der Abbau von natürlichen Ressourcen die Wirtschaft als Ganzes beeinflussen kann. Der Betrieb von Bergwerken oder Öl- und Gasfeldern kann erhebliche Schocks für eine regionale Wirtschaft darstellen, Arbeitsplätze schaffen und Kapital aus anderen Regionen und Ländern anziehen. Dadurch werden lokale Ausgabeneffekte erzeugt (vgl. Cust und Poelhekke 2015, S. 255–256).

2.5 Methodischer Ansatz

Sollen ressourcenreiche Regionen und ihre Entscheidungsträger am Rohstoffsektor festhalten? Die vorliegende Masterarbeit untersucht diese Leitfrage und analysiert die lokalen Auswirkungen von Ressourcenreichtum bzw. einem Ressourcenboom auf Regionen innerhalb von Ländern. Aus der Leitfrage ergeben sich verschiedene Fragestellungen, die im weiteren Verlauf aus ökonomischer Perspektive erörtert werden. Zunächst stellt sich die Frage, ob eine Region von einem Ressourcenboom profitiert oder ob es auch einen regionalen „Ressourcenfluch" gibt, der durch die Mechanismen der Holländischen Krankheit lokal zu einer Deindustrialisierung führt. Dazu werden in dieser Arbeit ökonomische Kennzahlen wie Beschäftigung, Löhne, und Exporte auf regionaler Ebene zur Beantwortung der Leitfrage sowohl aus theoretischer als auch aus empirischer Sicht betrachtet. Die vorliegende Arbeit untersucht die Leitfrage mit dem Ziel, aus den Erkenntnissen in einem nächsten Schritt konkrete Handlungsempfehlungen für politische Entscheidungsträger ableiten zu können. Würde man signifikante empirische Belege dafür finden, dass ressourcenreiche Regionen infolge eines Ressourcenbooms langfristig ein niedrigeres Wirtschaftswachstum aufweisen, wäre die Existenz der Holländischen Krankheit auf regionaler Ebene nachgewiesen und Ressourcenbooms müssten durch die Entscheidungsträger konsequent eingedämmt werden. Aus den vorigen Kapiteln erschließt sich bereits, warum die Holländische Krankheit als ein eigenständiges Phänomen innerhalb der Volkswirtschaftslehre betrachtet wird und die Leitfrage mit Blick auf den aktuellen Stand der Forschung nicht offensichtlich zu beantworten ist, da sich einige Studien teilweise widersprechen. Der Überblick über die Literatur zu den lokalen und regionalen Auswirkungen eines Ressourcenbooms zeigt auch, wie breit dieser Forschungsbereich ist angelegt. Dazu gehören die direkten und indirekten Auswirkungen eines Booms auf die lokalen Arbeitsmärkte, die Wohlfahrt, die Verwendung von zusätzlichen Ressourceneinnahmen sowie regionale Übertragungseffekte und Faktoren, die negative Auswirkungen verhindern. Der Frage, wie und warum ein Ressourcenboom überhaupt zu einer Deindustrialisierung führen kann, wird zunächst aus theoretischer Perspektive nachgegangen. Da sich eine Wirtschaft generell mit der effizienten Nutzung von knappen Ressourcen beschäftigt, sollte man gemäß der mikroökonomisch fundierten Präferenzordnung intuitiv davon ausgehen, dass es immer besser ist, mehr von einer Ressource zu besitzen als weniger. Umso interessanter wird es, wenn dieses Gesetz durch die Mechanismen der Holländischen Krankheit auf den Kopf gestellt wird. Aus dem theoretischen Modellrahmen entstehen verschiedene Vorhersagen zum Ablauf und einzelnen Ereignissen der Holländischen Krankheit innerhalb von Ländern. Im empirischen Teil dieser Arbeit wird versucht, die Theorie mit der Realität abzugleichen und die Vorhersagen mithilfe verschiedener Studien zu quantifizieren. Die empirische Betrachtung der Holländischen Krankheit innerhalb von Ländern geht somit der Frage nach, welche Belege es für die Holländische Krankheit auf regionaler Ebene gibt. Abschließend werden die Erkenntnisse aus Theorie und Empirie zur Bewertung der Leitfrage eingeordnet. Daraus lassen sich verschiedene Instrumente ableiten, die die Symptome der Holländischen Krankheit möglicherweise verhindern oder abmildern können. Der interdisziplinäre Ansatz dieser Arbeit sowie das Zusammenführen verschiedener theoretischer und empirischer Betrachtungen rund um die Holländische Krankheit auf regionaler Ebene ist die besondere Leistung dieser Masterarbeit und kann Ausgangspunkt für eine tiefergehende Analyse des Themas sein.

3 Theoretischer Rahmen

In diesem Kapitel wird ein theoretischer Rahmen entwickelt, der dabei helfen soll, die infolge eines Ressourcenbooms auftretenden ökonomischen Mechanismen des Strukturwandels einer offenen Wirtschaft systematisch zu analysieren. Angelehnt an das Standardmodell von Corden und Neary (1982) mit dem Ressourcenbewegungseffekt und dem Ausgabeneffekt werden die zwei wichtigsten Auswirkungen eines Ressourcenbooms formalisiert. Darauf aufbauend werden verschiedene Ansätze vorgestellt, die auch regionale Übertragungsmechanismen wie Learning by Doing-Effekte und Agglomerationseffekte abbilden. Um den theoretischen Rahmen der Holländischen Krankheit zu erweitern, werden die Effekte gemäß Allcott und Keniston (2017) in einem Modell abgebildet. Die aus den Modellen abgeleiteten Vorhersagen sind die Basis für die empirische Betrachtung der Holländischen Krankheit.

3.1 Die Holländische Krankheit auf Länderebene

Corden und Neary (1982) liefern mit ihrem Ansatz einen übersichtlichen und verständlichen Rahmen zur Analyse der Holländischen Krankheit, der durch einen erweiterten Blick auf die Arbeitsmigration ergänzt wird.

3.1.1 Der Aufbau

Die Analyse der Holländischen Krankheit von Corden und Neary (1982) geht zunächst von einer kleinen, offenen Volkswirtschaft aus, in welcher verschiedene Sektoren jeweils ein Gut herstellen. Neben dem Rohstoffsektor werden innerhalb des Modells der Sektor des verarbeitenden Gewerbes sowie der Dienstleistungssektor betrachtet. Die Erzeugnisse des Rohstoffsektors (X_r) und die Produkte des verarbeitenden Sektors (X_m) sind zu exogen gegebenen Weltmarktpreisen handelbar, während die Preise der nicht handelbaren Dienstleistungen (X_l) durch Angebot und Nachfrage im Inland determiniert werden. Es werden zwei wichtige Annahmen getroffen:

- Die erste Annahme besagt, dass monetäre Überlegungen keine Rolle spielen, womit sich die Betrachtung ausschließlich auf die realen Auswirkungen eines Rohstoffbooms bezieht. Folglich ist die Handelsbilanz immer ausgeglichen, während die nationale Produktion immer den Ausgaben entspricht.

- Die zweite Annahme besagt, dass die Märkte für die Produktionsfaktoren, in diesem Fall Arbeit und Kapital, perfekt sind. Daraus folgt, dass die Reallöhne vollkommen flexibel sind, während zu jedem Zeitpunkt die Vollbeschäftigung herrscht.

- Als weitere wichtige Vorbemerkung gilt es festzuhalten, dass der reale Wechselkurs bei Corden und Neary (1982, S. 826) als der relative Preis von nicht handelbaren zu handelbaren Gütern definiert ist.

Die verschiedenen Variationen vom Standardmodell unterscheiden sich vor allem durch Annahmen hinsichtlich der Mobilität der einzelnen Produktionsfaktoren zwischen den drei Sektoren. Die Auswirkungen eines Booms können wie nachfolgend analysiert werden, indem sowohl der Ressourcenbewegungseffekt als auch der Ausgabeneffekt voneinander getrennt betrachtet werden. Weitere erwähnenswerte Faktoren, welche die Auswirkungen des Booms innerhalb dieses Modells beeinflussen, sind die relativen Intensitäten der jeweiligen Produktionsfaktoren.

3.1.2 Der Ressourcenbewegungseffekt

In ressourcenreichen Volkswirtschaften wird ein Ressourcenbewegungseffekt (RME) erwartet, der dafür sorgt, dass der boomende Rohstoffsektor Produktionsfaktoren aus dem verarbeitenden Gewerbe und dem Dienstleistungssektor abzieht. Dieser Effekt führt zu einem Verlust der Wettbewerbsfähigkeit der Exportsektoren. Ob der verarbeitende Sektor überproportional negativ betroffen sein wird, hängt weitgehend von der relativen Exportorientierung des Sektors ab. Die Verschiebung der Produktionsfaktoren erfolgt aufgrund der höheren Grenzproduktivität von Kapital und Arbeit im boomenden Rohstoffsektor im Vergleich zu den anderen Sektoren. Die Verlagerung der Arbeitskräfte von X_m und X_l nach X_r (s. Abb. 2) wird auch „direkte Deindustrialisierung" genannt. Über den realen Wechselkurs kommt es nun zu mehreren Anpassungen innerhalb einer Volkswirtschaft. Der reale Wechselkurs wird definiert als:

$$RER = \frac{P_n}{P_t} \qquad (1)$$

P_n gibt das Preisniveau nicht handelbarer Güter an, während P_t das Preisniveau von handelbaren Gütern darstellt. Im nicht handeltreibenden Dienstleistungssektor werden die Preise (P_n) durch die inländische Nachfrage und das Angebot festgelegt. Die Preise im handeltreibenden Sektor (P_t) werden durch das globale Angebot und die Nachfrage bestimmt. Abhängig von der inländischen Nachfrage und dem entsprechenden Angebot importiert oder exportiert ein Land ein bestimmtes Gut. Der Abzug der Produktionsfaktoren von X_m und X_l nach X_r führt zu einer geringeren Produktion sowohl im verarbeitenden Gewerbe als auch im Dienstleistungssektor, was einem Rückgang des inländischen Angebots dieser Güter entspricht. Folglich führt die unveränderte Nachfrage in beiden Sektoren zu einem Nachfrageüberhang, welcher nur durch Importe befriedigt werden kann. Damit der nicht handeltreibende Sektor geräumt wird, muss P_n im Folgenden steigen, was letztendlich zu einer realen Aufwertung des Wechselkurses führt (vgl. Corden und Neary 1982, S. 826).

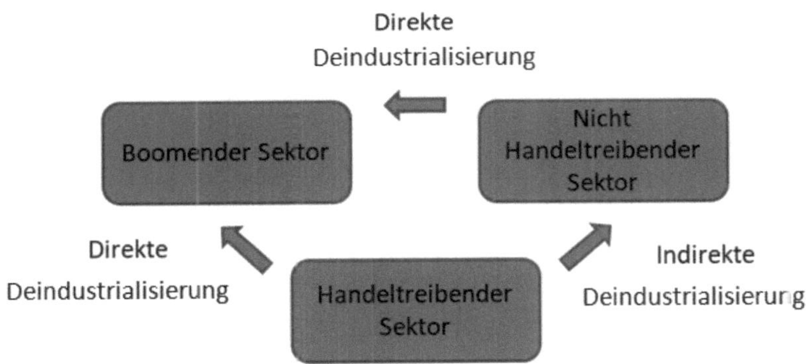

Abbildung 2: Der Ressourcenbewegungseffekt
Quelle: Eigene Darstellung nach Mevius 2008, S. 104.

3.1.3 Der Ausgabeneffekt

Ressourcenreiche Volkswirtschaften erfahren nach der Theorie ebenfalls einen Ausgabeneffekt (SE). Der Mitnahmeeffekt von Ressourcen erzeugt einen Einkommensschock, der in der Folge die Preise nicht handelbarer Güter erhöht, da deren Preise im Inland und nicht auf den internationalen Märkten bestimmt werden (vgl. Papyrakis und Raveh 2014, S. 5). Dieser ressourcenbasierte Inflationsdruck bewirkt eine Aufwertung des realen Wechselkurses und führt zu einem Verlust der Wettbewerbsfähigkeit der exportierenden Sektoren (Magud und Sosa 2010, S. 1). Der Ausgabeneffekt, der auch innerhalb des Modells von Corden und Neary (1982) besteht, entsteht aus der gestiegenen Nachfrage nach Dienstleistungen, die sich durch den Anstieg des Realeinkommens infolge des Ressourcenbooms ergibt. Die erhöhte Nachfrage nach Dienstleistungen bewirkt wiederum höhere Preise im gesamten Dienstleistungssektor. Da sich die erhöhte Nachfrage auf nicht handelbare

Güter bezieht, führt dieser Vorgang zu einem höheren Importniveau. Der Ausgabeneffekt kann, ähnlich wie der Ressourcenbewegungseffekt, als ein Übertragungskanal für die Aufwertung des realen Wechselkurses angesehen werden. Dies ist dadurch erklärbar, dass die Nachfrage nach Dienstleistungen die Preise für nicht handelbare Güter entweder über eine nominale Aufwertung oder durch eine erhöhte Inlandsinflation nach oben treibt. Sowohl der Abfluss von Arbeitskräften als auch die gestiegene Nachfrage nach Waren aus dem nicht handeltreibenden Sektor führen zu einer weiteren Verlagerung von Arbeitskräften aus dem verarbeitenden Gewerbe in den nicht handeltreibenden Dienstleistungssektor (s. Abb. 3). Dies wird auch als „indirekte Deindustrialisierung" bezeichnet (vgl. Corden und Neary 1982, S. 827–831).

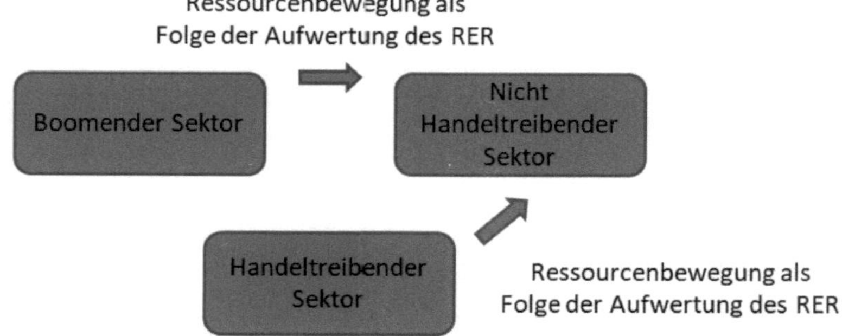

Abbildung 3: Der Ausgabeneffekt
Quelle: Eigene Darstellung nach Mevius 2008, S. 105.

3.1.4 Eine Gleichgewichtsanalyse des Ressourcenbooms

Die Gleichgewichtsanalyse innerhalb des von Corden und Neary (1982) entwickelten Standardmodells ermöglicht eine genauere Formalisierung des Mechanismus der Holländischen Krankheit. Die bereits getroffenen Annahmen gelten weiterhin. Jeder Sektor hat im Folgenden seinen eigenen spezifischen Kapitalfaktor, während der Produktionsfaktor Arbeit zwischen den drei Sektoren (X_m, X_l, X_r) mobil ist. Das gesamte Arbeitskräfteangebot innerhalb der kleinen, offenen Volkswirtschaft wird durch die Entfernung OSOT in Abb. 4 dargestellt. Der Arbeitseinsatz für Dienstleistungen wird an der Entfernung zu OS gemessen. Äquivalent dazu wird der Arbeitseinsatz für die handelbaren Güter über die Distanz zu OT abgebildet. Auf der Y-Achse sind die Löhne dargestellt.

Außerdem sind die Arbeitsnachfragekurven für den Dienstleistungssektor (LS), das verarbeitende Gewerbe (LM) und den gesamten Sektor handelbare Güter (LT) eingezeichnet. Das Gleichgewicht vor dem Ressourcenboom entspricht Punkt A.

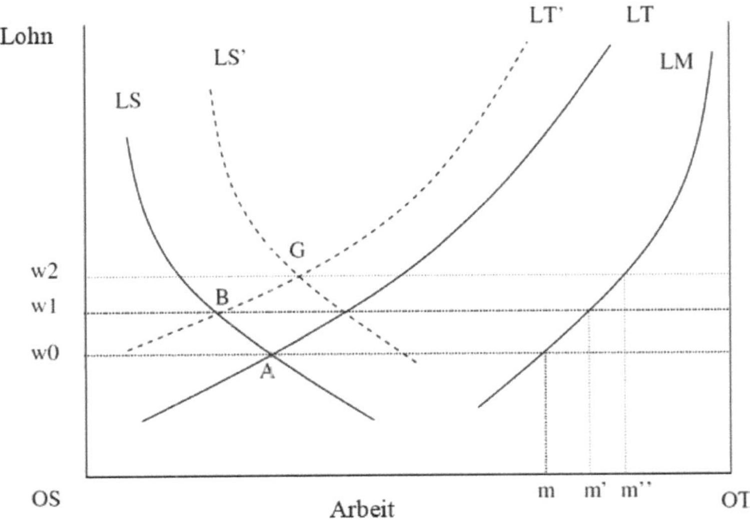

Abbildung 4: Auswirkungen des Booms auf den Arbeitsmarkt

Anmerkungen: LS = Arbeitsnachfrage des Dienstleistungssektors
LT = Arbeitsnachfrage der handelbaren Güter
LM = Arbeitsnachfrage des verarbeitenden Gewerbes
OS = Arbeitseinsatz für Dienstleistungen
OT = Arbeitseinsatz für handelbare Güter

Quelle: Überarbeitete Darstellung nach Corden und Neary 1982, S. 828.

Nun kommt es entweder durch eine technologiebasierte Produktivitätssteigerung, durch eine signifikante Entdeckung neuer Ressourcen oder durch den Anstieg des internationalen Preises einer reichlich vorhandenen Ressource zu einem Boom im Rohstoffsektor (vgl. Corden 1984, S. 360). Durch den Ressourcenbewegungseffekt steigt zunächst die Arbeitsnachfrage im Rohstoffsektor und damit auch die Arbeitsnachfrage für den gesamten handeltreibenden Sektor. Folglich verschiebt sich LT nach oben zu LT'. Die Löhne passen sich entsprechend an und steigen von w0 auf w1. In Punkt B entsteht ein neues Gleichgewicht. Dadurch werden Arbeitskräfte aus dem verarbeitenden Gewerbe abgezogen und die Beschäftigung sinkt von m auf m', was einer direkten Deindustrialisierung entspricht. Darüber hinaus führt der Ressourcenbewegungseffekt zu einer erhöhten Nachfrage nach Dienstleistungen. Damit das Gleichgewicht zwischen den handeltreibenden Warenmärkten und den nicht handeltreibenden Dienstleistungsmärkten wiederhergestellt ist, muss der reale Wechselkurs aufwerten (s. Abb. 5). Der Preis für nicht handelbare Dienstleistungen steigt im Verhältnis zu den handelbaren Waren. Infolge der höheren Preise für Dienstleistungen verschiebt sich auch die Arbeitsnachfragekurve für Dienstleistungen nach oben (von LS zu LS'). Das neue Gleichgewicht liegt damit in Punkt G, was einen weiteren Anstieg der Löhne (von w1 zu w2) mit sich bringt (vgl. Corden und Neary 1982, S. 827–831).

Nachfolgend werden die Auswirkungen des Booms anhand des Ausgabeneffekts analysiert (s. Abb. 5). Grundsätzlich erhöht ein Boom zunächst die Transformationskurve von allen erreichbaren Güterkombinationen von TS nach T'S. Die Nachfrage nach Dienstleistungen zum ursprünglichen Wechselkurs wird durch die Einkommens-Verbrauchskurve ON angegeben. Wird der reale Wechselkurs konstant gehalten, verlassen Arbeitskräfte den Dienstleistungssektor, während die dortige Produktivität zurückgeht. Dementsprechend verschiebt sich auch das Gleichgewicht von Punkt a nach b zugunsten der handelbaren Güter. Die Kurve ON zeigt die Nachfrage nach Dienstleistungen zum ursprünglichen Wechselkurs an. Es wird davon ausgegangen, dass die Nachfrage nach Dienstleistungen mit dem Einkommen steigt. Die ON-Kurve schneidet die T'S-Kurve bei Punkt c. Erneut entsteht eine übermäßige Nachfrage nach Dienstleistungen. Um das Gleichgewicht wiederherzustellen, findet eine reale Aufwertung der heimischen Währung statt (vgl. Corden und Neary 1982, S. 827–831).

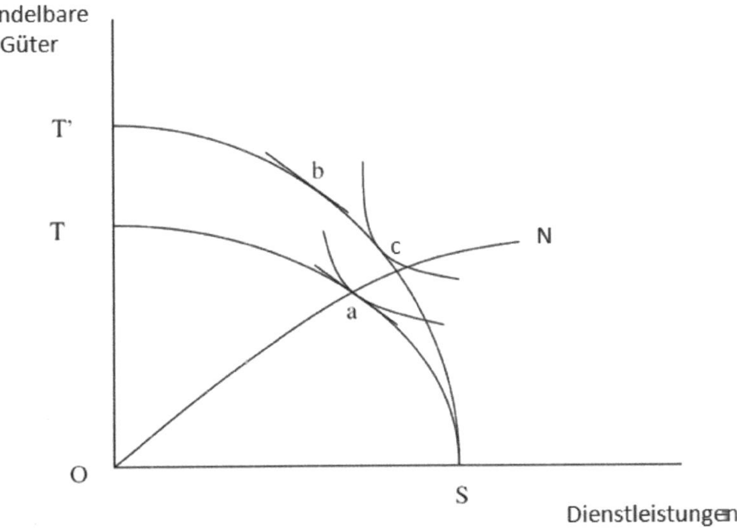

Abbildung 5: Auswirkungen des Booms auf den Rohstoffmarkt
Anmerkungen: TS = Transformationskurve
                      LT = Einkommens-Verbrauchskurve
Quelle: Überarbeitete Darstellung nach Corden und Neary 1982, S. 829.

Aus der Betrachtung des Ressourcenbewegungs- und Ausgabeneffekts sowie der Gleichgewichtsanalyse wird deutlich, dass beide Effekte in Kombination zu einer realen Aufwertung beitragen. Das endgültige Gleichgewicht bei Punkt G in Abb. 4 hat somit einen höheren relativen Preis für Dienstleistungen als das anfängliche Gleichgewicht bei A. Während der Ressourcenbewegungseffekt über den Abzug von Produktionsfaktoren dazu tendiert, die Produktivität im Dienstleistungssektor zu senken, wirkt der Ausgabeneffekt in die entgegengesetzte Richtung. Die tatsächliche Auswirkung eines Booms auf die produzierte Menge an Dienstleistungen bleibt somit undefiniert (vgl. Corden und Neary 1982, S. 831). Dennoch ergeben sich aus der theoretischen Betrachtung nach einem Ressourcenboom auf nationaler Ebene aus der Kombination von Ausgaben- und Ressourcenbewegungseffekt verschiedene Ergebnisse, die im folgenden Abschnitt durch die regionale Betrachtung spezifiziert und anschließend empirisch untersucht werden:

- Produktion und Beschäftigung im verarbeitenden Gewerbe sinken. Dies ist gleichbedeutend mit einer Deindustrialisierung und ein wichtiges Symptom für die Feststellung der Holländischen Krankheit.

- Die Auswirkungen auf Produktion und Beschäftigung im Rohstoffsektor sind ungewiss, weil Ausgaben- und Ressourcenbewegungseffekt in entgegengesetzte Richtungen wirken.

- Bei einer geringen Arbeitskräftemobilität im Rohstoffsektor wird angenommen, dass der Ausgabeneffekt überwiegt.

- Wenn der Produktionsfaktor Arbeit mobil ist, steigt das Lohnniveau. Der Anstieg des realen Wechselkurses kann mit den gestiegenen relativen Preisen für Dienstleistungen begründet werden (vgl. Oomes und Kalcheva 2007, S. 13).

3.1.5 Die Effekte der Arbeitsmigration

Die Kräfte des Marktes, die durch die herkömmlichen Angebots- und Nachfrageeffekte eine Wirtschaft in ein Gleichgewicht bringen, können auch dazu beitragen, dass die negativen Auswirkungen der Holländischen Krankheit durch Arbeitsmigration abgeschwächt werden. Wahba (1998) untersucht die Holländische Krankheit durch die Modellierung von einem Ölboom und einem Arbeitsexportboom. Anhand des theoretischen Modells wird gezeigt, dass Arbeitsmigration die Auswirkungen der Holländischen Krankheit ausgleichen kann, während das verarbeitende Gewerbe von einem Boom sogar profitieren könnte. Gleichzeitig stellt Wahba (1998, S. 362) fest, dass die Symptome der Holländischen Krankheit im Fall von Arbeitslosigkeit durch Arbeitsmigration auf die arbeitsexportierenden Länder übertragen werden können. Daraus lässt sich ableiten, dass die Holländische Krankheit nicht nur auf einen Weltpreisboom oder eine große Entdeckung von Ressourcen zurückzuführen sein kann, sondern auch auf große Bewegungen einzelner Produktionsfaktoren.

Angelehnt an Corden und Neary (1982) wird auch bei Wahba (1998, S. 356) eine kleine offene Wirtschaft mit drei Sektoren angenommen. So gibt es neben einem boomenden Sektor auch einen handeltreibenden Sektor und einen nicht handeltreibenden Sektor, wobei der handeltreibende Sektor das verarbeitende Gewerbe darstellt. Die Preise der beiden handelbaren Güter werden exogen durch die Weltmarktpreise bestimmt, während sich der Preis nicht handelbarer Güter durch Angebot und Nachfrage im Inland definiert. Abb. 6 visualisiert die Auswirkungen eines Ölbooms innerhalb des Modells.

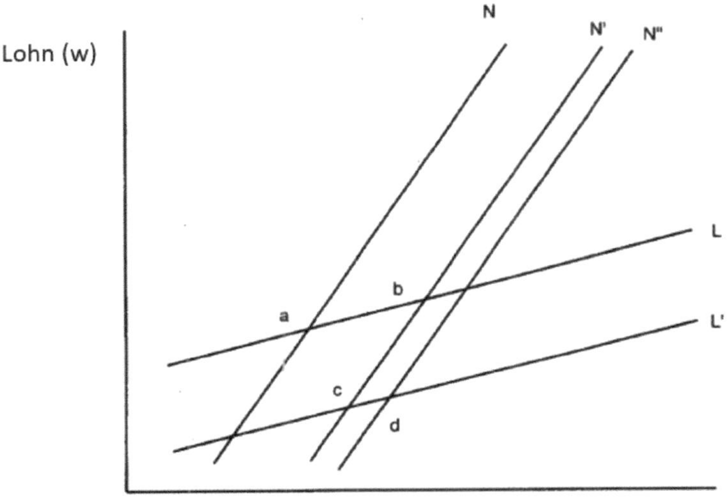

Abbildung 6: Eine Arbeitskraft importierende Volkswirtschaft
Anmerkungen: N = Lohn-Preis-Spirale
                    L = Arbeitskräftepotenzial
Quelle: Überarbeitete Darstellung nach Wahba 1998, S. 358.

Dargestellt durch Kurve N steigt das Preisniveau in allen Sektoren der kleinen offenen Volkswirtschaft mit zunehmenden Öleinnahmen an. Die Preise für nicht handelbare Güter P_n steigen folglich nach einem Ressourcenboom bis zur Wiederher-
stellung des Gleichgewichts auf dem Markt für nicht handelbare Güter. Dies wird
durch die Rechtsverschiebung von N nach N' dargestellt, während das neue Gleichgewicht von a nach b verschoben wird. Unter Annahme von geringer Arbeitsmigration führt ein Ressourcenboom wie bei Corden und Neary (1982) zu den typi-
schen Ergebnissen der Holländischen Krankheit, also einem höheren Preis für
nicht handelbare Güter und zu einem Anstieg der Löhne. Wahba (1998, S. 359)
geht an dieser Stelle mit der Untersuchung der Auswirkungen von Arbeitsmigration einen Schritt weiter. Abb. 6 zeigt, dass die erhöhte Nachfrage nach Arbeitskräften aus dem boomenden Sektor einen Nachfrageüberhang nach Arbeitskräften erzeugt. Durch den Import von Arbeitskräften verschiebt sich die Kurve L nach L', wo
das neue Gleichgewicht bei Punkt c entsteht. Das zusätzliche Einkommen ausländischer Arbeitskräfte verschiebt N' weiter nach rechts zu N", wodurch sich das endgültige Gleichgewicht bei Punkt d ergibt. Das neue Gleichgewicht verdeutlicht, dass
der Preis der nicht handelbaren Güter und die Löhne im Vergleich zu dem Niveau

vor der Arbeitsmigration sogar gefallen sind. Damit zeigt das Modell, dass die Arbeitsmigration nach dem Boom die Auswirkungen der Holländischen Krankheit ausgleichen kann. Im Gegensatz zu Corden und Neary (1982) gibt es keinen Ressourcenbewegungseffekt, da die Arbeitskräfte importiert und nicht vom rückständigen in den boomenden Sektor verlagert werden. Des Weiteren kommt es in diesem Modellrahmen zu keinem Ausgabeneffekt. Die importierten Arbeitskräfte führen nämlich zu einem Überangebot an nicht handelbaren Gütern und damit zu einem Rückgang der Preise. Der Rückgang der Preise und Löhne für nicht handelbare Güter senkt die Attraktivität, nicht handelbare Güter zu produzieren. Dadurch kann der handeltreibende Sektor expandieren (vgl. Wahba 1998, S. 359).

Wahba (1998, S. 361) untersucht ebenfalls die Übertragung der Holländischen Krankheit auf die arbeitsexportierenden Länder. Sie argumentiert, ähnlich wie Sinn (2001) und Rajan und Subramanian (2005), dass sich die Holländische Krankheit über Transferzahlungen importieren lässt. Der Anstieg des relativen Preises von nicht handelbaren Gütern sowie der Rückgang des verarbeitenden Gewerbes resultieren aus dem Einkommenstransfer in das Ursprungsland der Arbeitsmigration. Die entsprechende Erhöhung der Währungsreserven führt zu einer Aufwertung des realen Wechselkurses innerhalb des Landes und mindert die Wettbewerbsfähigkeit des handeltreibenden Sektors. In diesem Fall weist eine arbeitsexportierende Wirtschaft die Symptome der traditionellen Holländischen Krankheit auf.

3.2 Die Holländische Krankheit auf regionaler Ebene

Der grundlegende ökonomische Mechanismus der Holländischen Krankheit wird durch den bisher entwickelten Modellrahmen sichtbar, auch wenn manche Annahmen zunächst sehr abstrakt erscheinen. Die folgenden Abschnitte dieses Kapitels dienen vor allem dazu, den Modellrahmen um die regionale Betrachtung der Holländischen Krankheit mit weiteren Aspekten zu erweitern. Dafür werden sowohl mit dem Learning by Doing als auch mit der Agglomeration zwei Übertragungseffekte in den theoretischen Rahmen aufgenommen und, angelehnt an das Werk von Allcott und Keniston (2017), in das erweiterte Standardmodell dieser Arbeit integriert.

3.2.1 Der regionale Kontext

Für die Erweiterung des Modells um regionale Mechanismen muss zunächst einmal festgestellt werden, worin sich die internationale und die regionale Betrachtung der Holländischen Krankheit unterscheiden. Bei der internationalen Betrachtung wird ein Land mit verschiedenen Sektoren als Ganzes wahrgenommen. Leidet ein Land infolge eines Ressourcenbooms an den Symptomen der Holländischen Krankheit, wie beispielsweise dem Verlust von Wettbewerbsfähigkeit im produzierenden Gewerbe, gibt es eine Reihe von wirtschafts- und finanzpolitischen Instrumenten, um dem entgegenzuwirken. So kann beispielsweise eine Abwertung der Währung durch die eigene Zentralbank neben einer Reihe weiterer politischer Maßnahmen die internationale Wettbewerbsfähigkeit der heimischen Wirtschaft wiederherstellen (vgl. Sinn 2015, S. 25). Im Gegensatz dazu haben Regionen in der Regel weder eine eigene lokale Währung noch eine eigenständige Wirtschaftspolitik. Auf der einen Seite entfallen bei der regionalen Betrachtung eine Reihe von Instrumenten, die bei der Bekämpfung der „Krankheitssymptome" behilflich sind. Auf der anderen Seite gewinnen durch die räumliche Nähe vor allem Learning by Doing- und Agglomerationseffekte an Bedeutung. Vor diesem Hintergrund ist es wichtig, die Mechanismen solcher Übertragungseffekte zu verstehen sowie ihre räumliche Dimension und Wirkrichtung zu untersuchen, um letztendlich auch sektorale Veränderungen des Produktivitätsniveaus bewerten zu können. Während bei der regionalen Betrachtung vor allem die räumliche Komponente hinzukommt, bleiben Faktorbewegungen ein wichtiger Bestandteil der erweiterten Analyse der Holländischen Krankheit.

3.2.2 Learning by Doing

Durch die Erhöhung des Kapitalstocks lernt ein Unternehmen effizienter zu produzieren und damit auch das vorhandene Wissen in weiteres Humankapital umzusetzen. Dieses Phänomen wird im ökonomischen Kontext auch als Learning by Doing (LBD) bezeichnet (Arrow 1962). Verschiedene Studien zu der Holländischen Krankheit haben das LBD-Konzept aufgegriffen und die Annahmen von Corden und Neary (1982) angepasst. LBD ist in erster Linie ein Merkmal des verarbeitenden Gewerbes. Hierbei betrachten LBD-Modelle den technologischen Fortschritt als Nebenprodukt der Produktionstätigkeit. Nach Torvik (2001, S. 285–286) sind die vier wichtigsten Werke mit LBD-Effekten im Zusammenhang mit der Holländischen Krankheit von Van Wijnbergen (1984), Krugman (1987), Sachs und Warner (1995) sowie Gylfason et al. (1999).

Van Wijnbergen (1984, S. 42, 53) verwendet ein Zwei-Perioden-Modell, um die Auswirkungen eines Rohstoffbooms auf das verarbeitende Gewerbe zu untersuchen. Er nimmt Technologie als endogene Variable mit in das Modell auf. Branchenspezifische LBD-Effekte treten infolge des Rohstoffbooms erst verzögert auf, da sich der komparative Vorteil des nicht mit den Rohstoffen in Verbindung stehenden Sektors aufgrund von Verdrängungseffekten verringert. Krugman (1987, S. 41) stellt in seinem Werk ein Modell vor, bei dem sich der komparative Vorteil im Laufe der Zeit durch LBD und nicht aufgrund von anderen impliziten Merkmalen eines Landes verfestigt. Die konventionelle Wirtschaftstheorie legt nahe, dass sich ein Land auf Sektoren spezialisieren sollte, in denen es einen komparativen Vorteil hat. Laut Krugman verschiebt sich der komparative Vorteil jedoch nach einem Ressourcenboom. Sachs und Warner (1995, S. 2) entwickeln ein endogenes Wachstumsmodell, um die niedrigen Wirtschaftswachstumsraten rohstoffreicher Länder zu untersuchen. Hierzu analysieren sie den Export natürlicher Ressourcen als Prozentsatz des BIP im Verhältnis zur jährlichen Wachstumsrate von bestimmten Ländern. Trotz der Berücksichtigung mehrerer wachstumsrelevanter Variablen stellen die Autoren einen negativen Zusammenhang zwischen der Abhängigkeit von natürlichen Ressourcen und der wirtschaftlichen Entwicklung fest. Gylfason et al. (1999, S. 202, 223) verwenden ebenfalls ein endogenes Wachstumsmodell mit zwei Sektoren, um die Auswirkungen der Holländischen Krankheit zu diagnostizieren. Die Autoren zeigen, dass reichlich vorhandene natürliche Ressourcen im Durchschnitt zu Verdrängungseffekten führen und damit zu einer Stagnation des Wirtschaftswachstums beitragen.

In den Ansätzen von Van Wijnbergen (1984), Krugman (1987) und Gylfason et al. (1999) wird LBD nur in einem Sektor erzeugt. Die durch Zufall auftretenden natürlichen Ressourcen können Produktionsfaktoren von diesem Sektor abziehen, was die dortige Produktivität letztendlich einschränkt. Sachs und Warner (1995, S. 208) gehen ebenfalls davon aus, dass nur ein Sektor „Lernen durch Handeln" generiert. Allerdings beschreiben sie dabei zusätzlich einen perfekten Übertragungseffekt auf den Rest der Wirtschaft. Torvik (2001, S. 285–286) liefert gerade an dieser Stelle einen neuen Beitrag zur LBD-Literatur, indem er ein Modell entwickelt, in welchem jeder Sektor zum Lernen beiträgt und zwischen allen Sektoren unvollkommene Lernübergänge bestehen. Sein Modell hat zusätzlich Auswirkungen auf die reale Wechselkursdynamik im Falle eines erhöhten Devisenzuflusses, wie es bei einem Ressourcenboom üblich ist. Obwohl die kurzfristige Reaktion eine reale Wechselkursaufwertung in der üblichen Weise darstellt, handelt es sich bei der langfristigen Reaktion um eine reale Wechselkursabwertung. Dies ist auf eine Verschiebung der relativen Produktivität im Steady-State zwischen dem handeltreibenden und dem nicht handeltreibenden Sektor zurückzuführen.

3.2.3 Agglomeration

Die neuen Wachstumstheorien deuten darauf hin, dass die unterschiedlichen Wachstumsraten der Volkswirtschaften maßgeblich vom steigenden Humankapital, also der Akkumulation von Wissen innerhalb einer Gesellschaft, abhängen (vgl. Romer 1986, S. 1002). Ein Grund für dieses Phänomen sind die durch die räumliche Konzentration von Produktionsfaktoren, Institutionen und Individuen entstehenden Agglomerationseffekte. Daraus ergeben sich für bestimmte Regionen Vor- aber auch Nachteile. Ein hoher Agglomerationsgrad vermindert Transaktionskosten und verbessert die Übertragungsfähigkeit einer Region bezüglich der Nutzung auch von externem Wissen (vgl. Feldman 1999, S. 5). Weitere theoretische Ausarbeitungen unterstützen die These, dass räumliche Nähe ein positiver Faktor für das Wirtschaftswachstum ist. Martin und Ottaviano (1999, S. 281) sehen Wachstum und Agglomeration als sich gegenseitig verstärkende Prozesse. Die Komplementarität von Wachstum und räumlicher Konzentration hat ebenfalls starke Auswirkungen auf die Wirtschaftspolitik. Angesichts knapper Ressourcen stehen Entscheidungsträger dabei oft einem Trade-off zwischen der Förderung rückständiger Regionen und der Entwicklung des gesamtwirtschaftlichen Wachstums auf nationaler Ebene gegenüber (vgl. Brülhart und Sbergami 2009, S.48).

3.3 Ein Modell zur regionalen Holländischen Krankheit

Basierend auf dem Werk von Allcott und Keniston (2017) wird ein räumliches Gleichgewichtsmodell der Holländischen Krankheit innerhalb von Ländern entwickelt. Ziel des Modells ist es, aus dem theoretischen Rahmen verschiedene Vorhersagen für die Entwicklung einer Region nach einem Ressourcenboom abzuleiten.

3.3.1 Der Aufbau

Zur Vereinfachung wird von zwei symmetrischen Regionen $c \in \{a, b\}$ innerhalb eines Landes ausgegangen. Die Regionen verfügen jeweils über drei Sektoren $j \in \{r, l, m\}$: Einem Rohstoffsektor (r), einem lokalen Sektor (l), der nicht mit anderen Regionen Handel treibt und einem handeltreibenden Sektor (m). Der Produktionsfaktor Arbeit ist zwischen den Regionen unvollkommen mobil. Jeder Sektor hat eine exogen gegebene Produktivität X_{jc}. Im Gegensatz zu Region a hat Region b

keine natürlichen Ressourcen ($X_{rb} = 0$). Zusätzlich werden drei Zeiträume angenommen, welche durch t indexiert sind. In $t = 0$ befinden sich beide Regionen mit $X_{ra} = X_{rb} = 0$ im Gleichgewicht. In $t = 1$ kommt es in Region a zu einem Ressourcenboom mit $X_{ra} > 0$. In $t = 2$ ist die Boomphase vorbei und es gilt wieder $X_{ra} = X_{rb} = 0$. Nachfolgend wird der Modellrahmen auf Produktion und Konsum erweitert und die Auswirkungen des Ressourcenbooms auf die Gleichgewichtsergebnisse diskutiert (vgl. Allcott und Keniston 2017, S. 701–702). Dabei werden in den lokalen und handeltreibenden Sektoren intertemporale Produktivitätssteigerungen sowohl aus dem Learning by Doing-Effekt als auch aus dem Agglomerationseffekt generiert. Die lokale Produktivität wird damit nicht nur von den Umständen im eigenen Sektor beeinflusst, sondern auch von Umwelt und Gesamtbevölkerung in der Region. Dementsprechend betrifft der Ressourcenboom im Folgenden beide Regionen durch allgemeine Gleichgewichtseffekte.

3.3.2 Produktion

Die Produktionssektoren $j \in \{r, l, m\}$ umfassen je ein aggregiertes Unternehmen, das N_{jc} Mitarbeiter beschäftigt und einen Ertrag von

$$Rjc = X_{jc}N_{jc}^{1-\gamma} \text{ mit } \gamma \in (0,1) \qquad (2)$$

erwirtschaftet. Aus der Profitmaximierung lässt sich die Arbeitsnachfrage ableiten

$$\left[\frac{X_{jc}(1-\gamma)}{Wc}\right]^{\frac{1}{\gamma}}. \qquad (3)$$

Die gesamte Arbeitsnachfrage einer Region wird mit

$$N_c = N_{rc} + N_{lc} + N_{mc} \qquad (4)$$

beschrieben. Die Produktivität X_{jc} wird definiert als der Preis, multipliziert mit der physischen Produktivität ($Pjc\Omega jc$), die durch Übertragungseffekte im Laufe der Zeit ansteigt. Der Preis der handelbaren Güter ist exogen und auf $P_{mc} = 1$ normalisiert, während der Preis für nicht handelbare, lokale Güter P_{lc} endogen bestimmt wird. Die physische Produktivität Ω_{jc} entwickelt sich im Laufe der Zeit sowohl im handeltreibenden als auch im lokalen Sektor abhängig von zwei möglichen Produktivitätsübertragungseffekten. Der Learning by Doing-Effekt $\theta j \geq 0$ besagt, dass die bisherige Beschäftigung in einem Sektor die aktuelle Produktivität in diesem Sektor beeinflusst und erhöht. Konzeptionell werden Learning by Doing-Effekte als zwischenbetrieblich, lokal und intertemporär betrachtet. Der Agglomerationseffekt $\Lambda \geq 0$ besagt, dass die regionale Bevölkerung die aktuelle Produktivität ebenfalls beeinflusst und erhöht. Äquivalent zu den Ausführungen von Allcott und Keniston (2017) werden Kleinbuchstaben für natürliche Logarithmen verwendet $(\omega_{jc} = ln(\Omega_{jc}); n_{jc} = ln(N_{jc}); n_c = ln(N_c))$. Die physische Produktivität im Sektor $j \in \{l, m\}$ wird demnach definiert als:

$$\omega_{jc,t+1} = \rho_j \omega_{jct} + \theta_j n_{jct} + \Lambda n_{ct} + \zeta_j \tag{5}$$

Der Wohnungssektor mit einer konstanten Angebotsfunktion

$$p_{hc} = kn_c + k0 \tag{6}$$

benötigt keine lokalen Arbeitskräfte und kann ebenfalls in das Modell aufgenommen werden (vgl. Allcott und Keniston 2017, S. 703).

3.3.3 Verbraucher und Arbeitnehmer

Jedes Individuum i entscheidet über den eigenen Konsum von lokalen Gütern (Cil), Handelsgütern (C_{im}) sowie die Unterkunft (Cih) und wählt den Wohnort $c \in \{a, b\}$, während es eine Arbeitseinheit anbietet. Die Individuen erhalten den Nutzen $Ac\varepsilon_{ic}$ vom Leben in der Region c. A_c ist hierbei ein Parameter für die Vorteile von Region c. Die individuelle Präferenz für Region c wird durch εic abgebildet. Öffentliche Güter, Verkehrsnetze oder Umweltbedingungen erhöhen die Lebensqualität einer Region. Innerhalb dieses Rahmens wird ein Ressourcenboom, der keine Auswirkungen auf A_c hat, betrachtet. Einzelpersonen haben Cobb-Douglas-Präferenzen und maximieren ihren Nutzen mit

$$Uic = C_{il}^{\alpha} C_{ih}^{\beta} C_{im}^{1-\alpha-\beta} A_c \varepsilon_{ic} \tag{7}$$

unter Berücksichtigung der Budgetbeschränkung

$$W_c \geq P_{lc} C_{il} + P_{hc} C_{ih} + C_{im}. \tag{8}$$

Dabei wird angenommen, dass $\alpha, \beta, (1 - \alpha - \beta) \in (0,1)$. Die indirekte Nutzenfunktion kann, unter Verwendung von Kleinbuchstaben für natürliche Logarithmen, ausgedrückt werden als

$$u_{ic} = w_c - \alpha p_{lc} - \beta p_{hc} + a_c + ln\varepsilon_{ic} \tag{9}$$

zuzüglich einer Konstanten. Die Individuen entscheiden sich dafür, in Region a zu leben und gegen das Leben in Region b, wenn $u_{ia} > u_{ib}$. Es wird davon ausgegangen, dass $ln\varepsilon_{ic}$ der Extremwert vom Typ I mit Skalenparameter s^2 ist, wobei $s \in (0, \infty)$. Daraus ergibt sich ein Logit-Modell und die inverse Arbeitsangebotsdifferenz zwischen den beiden Regionen, die wie folgt dargestellt wird:

$$w_a - w_b = \alpha(p_{la} - p_{lb}) + \beta(p_{ha} - p_{hb}) + s(n_a - n_b) - (a_a - a_b)$$

$$(10)$$

Während im Gleichgewicht Verbraucher und Unternehmen ihren Nutzen optimieren, werden alle Märkte (Arbeit, Waren und Wohnungen) geräumt (vgl. Allcott und Keniston 2017, S. 704).

3.3.4 Wohlfahrt

Für die lokalen Entscheidungsträger ist vor allem die Frage von Bedeutung, ob ein Ressourcenboom das Wohlstandsniveau bzw. die Wohlfahrt in der eigenen Region erhöht oder vermindert. Diese Erkenntnisse können unmittelbar in politische Maßnahmen überführt werden, wie beispielsweise dem Verbot von Fracking sowie der Genehmigung oder Verhinderung von Öl- und Gasbohrungen, je nachdem wie die Gesamtbilanz der Maßnahmen auf die Wohlfahrt wirkt (vgl. Allcott und Keniston 2017, S. 704). Als Maßstab für die soziale Wohlfahrt wird der indirekte Nutzen von Menschen, die über alle Perioden hinweg in Region c leben, herangezogen,

$$u_c = \Sigma_t u_{ct} = \Sigma_t \delta^t [w_{ct} - \alpha p_{lct} - \beta p_{hct} + a_{ct}], \qquad (11)$$

wobei δ den Diskontierungsfaktor angibt.

3.3.5 Relative und absolute Effekte

Die Auswirkungen eines Rohstoffbooms auf die Wohlfahrtsveränderungen können auf relative und absolute Effekte beschränkt werden. Bei der relativen Betrachtung wird verglichen, ob der Boom in Region a zu einer höheren kumulierten Wohlfahrt im Verhältnis zu Region b führt:

$$u_a - u_b = \Sigma_t \delta^t [(w_{at} - w_{bt}) - \alpha(p_{lat} - p_{lbt}) - \beta(p_{hat} - p_{hbt}) + (a_{at} - a_{bt})] \quad (12)$$

Wenn das Arbeitskräfteangebot aus Gleichung (10) in Gleichung (12) substituiert wird, kann Gleichung (12) als Funktion der relativen Bevölkerung vereinfacht werden:

$$u_a - u_b = \sum_t \delta^t s(n_{at} - n_{bt}) \qquad (13)$$

Die Gleichung (13) ist vor allem daher interessant, da Individuen generell in eine Region mit höherem Wohlstand ziehen. Diese Gleichung kann empirisch nützlich sein, da sie es ermöglicht, den relativen Wohlfahrtseffekt sogar festzustellen, ohne eine direkte Schätzung darüber vorzunehmen, wie sich der Ressourcenboom auf die lokalen Preise und Annehmlichkeiten auswirkt.

Um die absoluten Auswirkungen eines Ressourcenbooms zu analysieren, wird Region a mit einer Kontrollgruppe verglichen. In der Gleichung wird das Ergebnis der Kontrollgruppe mit (0) bezeichnet, wenn $X_{ra} = X_{rb} = 0$ gilt:

$$u_a - u_b(0) = \sum_t \delta^t \left[(w_{at} - w_{at}(0)) - \alpha(p_{lat} - p_{lat}(0)) - \right.$$
$$\left. \beta(p_{hat} - p_{hat}(0)) + (a_{at} - a_{at}(0)) \right]. \qquad (14)$$

Die relativen und absoluten Effekte sind unterschiedlich, da $u_b \neq u_a(0)$ gilt. Die relativen Effekte geben an, wie sich der Rohstoffsektor gegenüber den anderen Sektoren während eines Booms entwickelt. Absolute Effekte geben Aufschluss darüber, ob regionale Entscheidungsträger einen Boom unter Umständen auch bremsen sollten (vgl. Allcott und Keniston 2017, S. 705).

3.3.6 Vorhersagen des Modells

In diesem Abschnitt werden die Vorhersagen des Modells, basierend auf den Gleichgewichtslösungen von Allcott und Keniston (2014, S. 51–58), abgeleitet. Wie bereits erwähnt wird ein Ressourcenboom definiert als eine Erhöhung der Produktivität innerhalb des Rohstoffsektors X_{ra} in Region a im Zeitraum $t = 1$.

- Vorhersage 1: Ein Ressourcenboom sorgt in $t = 1$ für eine steigende Bevölkerungsanzahl und höhere Löhne.

- Vorhersage 2: Ein Ressourcenboom erhöht in $t = 1$ die Beschäftigungszahlen und Preise im lokalen Sektor, während die Beschäftigungszahl im handeltreibenden Sektor gleichzeitig zurückgeht.

- Vorhersage 3: Existieren Agglomerations- oder Learning by Doing-Effekte im lokalen Sektor (z. B. $\Lambda > 0$ oder $\theta_j > 0$), führt ein Ressourcenboom in $t = 1$ zu einer erhöhten Produktivität im lokalen Sektor in $t = 2$. Das Vorzeichen der relativen Produktivität des handeltreibenden Sektors in $t = 2$ entspricht dem Vorzeichen von

$$\Lambda - \theta_m \frac{\alpha\gamma+\beta k+s}{\gamma\,(1-\alpha)} \qquad (15)$$

- *Vorhersage 4*: Ein Ressourcenboom erhöht die relative Wohlfahrt $u_a - u_b$ nur, wenn

$$\frac{\gamma+\beta k+s}{\gamma} + \Lambda + \alpha\theta_l > \theta_m \frac{\alpha\gamma+\beta k+s}{\gamma} \qquad (16)$$

Die *Vorhersagen 1* und *2* bilden die kurzfristig auftretenden Effekte ab und treten sowohl bei Cordon und Neary (1982) als auch bei Alcott und Keniston (2017) und weiteren Standardmodellen auf. Der gesamte Mechanismus der Holländischen Krankheit beginnt mit *Vorhersage 1*. Aus dem Modell lässt sich ableiten, dass ein Ressourcenboom zu einem höheren Preisniveau innerhalb einer Region führt. Bei *Vorhersage 2* hängen die Auswirkungen eines Ressourcenbooms auf die Beschäftigung im verarbeitenden Gewerbe von dem Anteil der handeltreibenden Produzenten im Vergleich zu den lediglich regional agierenden Produzenten ab. Wenn Waren weitgehend außerhalb der eigenen Region gehandelt werden, führt dies während eines Ressourcenbooms zu Verdrängungseffekten. In diesem Fall geht die Beschäftigung im handeltreibenden Sektor zurück (Crowding-out)[4]. Wenn andererseits der überwiegende Anteil an Waren regional vertrieben wird, kann es zum umgekehrten Effekt (Crowding-in) kommen (vgl. Allcott und Keniston 2017, S. 706).

Die *Vorhersage 3* bildet, ebenso wie *Vorhersage 4*, die langfristigen ($t = 2$) Auswirkungen eines Ressourcenbooms ab. Da Bevölkerung und Beschäftigung im lokalen Sektor von Region a in $t = 1$ zunehmen, führt entweder Learning by Doing ($\theta_j > 0$) oder Agglomeration ($\Lambda > 0$) zu einer erhöhten Produktivität des lokalen Sektors in $t = 2$. Für den handeltreibenden Sektor gilt gemäß Gleichung (8), dass die relative Produktivität abnimmt, wenn der Learning by Doing-Effekt größer ist als der Agglomerationseffekt. Alternativ könnte die relative Produktivität des

---

[4] Crowding-out (deutsch: Verdrängungseffekt) bezeichnet in der Volkswirtschaftslehre auch die Verdrängung privater Nachfrage durch staatliche Nachfrage (vgl. Mussel und Pätzold 2003, S. 48).

handeltreibenden Sektors im Fall, dass der Agglomerationseffekt ausreichend groß ist, entweder steigen oder gleichbleiben, wenn Learning by Doing- und Agglomerationseffekte Null bzw. identisch sind.

Auch wenn ein Anstieg der Wohlfahrt unter verschiedenen Bedingungen wahrscheinlicher ist als ein Rückgang, formuliert *Vorhersage 4* die Möglichkeit, dass Learning by Doing-Effekte trotz Produktivitätssteigerungen im Rohstoffsektor auch dazu führen können, dass die kumulierte Wohlfahrt sinkt. Letzteres entspricht dem Symptom der Holländischen Krankheit, die aus verschiedenen Gründen innerhalb dieses Modells entstehen kann:

- Wenn der soziale Planer ungeduldig ist (kleines δ), kann das Wachstum während des Booms in $t = 1$ alle Verluste in $t = 2$ übertreffen.

- Wenn die Agglomerationseffekte Λ groß sind, profitiert Region a umso mehr von der Bevölkerungszunahme während des Booms.

- Region a profitiert mehr von einem Anstieg des LBD im lokalen Sektor in $t = 2$, wenn das LBD des lokalen Sektors stark ist (großes θ_l) oder der Anteil der Ausgaben für lokale Waren α groß ist.

- Wenn das LBD des handeltreibenden Sektors θ_m ohnehin schon schwach ist, hat ein Rohstoffboom und das damit verbundene Schrumpfen des Sektors in $t = 1$ geringere negative Folgen für $t = 2$.

- Bei elastischerem Wohnungsangebot (niedriges k), einem geringen Anteil der Wohnungsausgaben (niedriges β), geringen Standortpräferenzen (niedriges s) oder einer wenig arbeitsintensiven Produktion (großes γ), geht der handeltreibende Sektor bei einem Rohstoffboom weniger stark zurück in $t = 1$ (vgl. Allcott und Keniston 2017, S. 706–707).

Die *Vorhersagen 3* und *4* ermöglichen es, die beiden Fälle mit und ohne Produktivitätsübertragungen vergleichbar zu machen. Wenn es keine Übertragungseffekte gibt ($\Lambda = \theta_m = \theta_l = 0$), haben beide Regionen die gleichen Werte für Produktivität, Bevölkerung und Löhne nach $t = 1$. In diesem Fall würde ein Ressourcenboom die relative Wohlfahrt eindeutig erhöhen. Wenn es Übertragungseffekte gibt, nimmt die relative Produktivität des lokalen Sektors zu, während die Wirkrichtung der relativen Produktivität des handeltreibenden Sektors sowie der relativen Wohlfahrt maßgeblich von dem Verhältnis der Learning by Doing-Effekte gegenüber der Agglomerationseffekte abhängt. (vgl. Allcott und Keniston 2017, S. 707).

4 Empirische Betrachtung

Die empirische Betrachtung untersucht die theoretisch hergeleiteten Vorhersagen über die Mechanismen der Holländischen Krankheit innerhalb von Ländern. Damit wird eine weitere Grundlage für die Diskussion der Frage, ob ressourcenreiche Regionen an ihrem Rohstoffsektor festhalten sollten, geschaffen.

4.1 Empirische Vorgehensweise

Die Untersuchung der Holländischen Krankheit stellt hohe Anforderungen an die Datenmenge und Datenqualität. Daher gibt es kaum aussagekräftige Befunde auf regionaler Ebene von Entwicklungsländern. Neben den ressourcenabhängigen Ländern konzentriert sich diese Analyse somit vor allem auf Erkenntnisse aus den Industrienationen wie Australien, Kanada, Norwegen oder den USA. Die Holländische Krankheit innerhalb von Ländern kann anhand der einzelnen Ereignisse nach einem Ressourcenboom gemäß der theoretischen Vorhersagen quantifiziert und verifiziert werden. Um die Holländische Krankheit nachzuweisen, wird in mehreren Schritten überprüft, ob die exportorientierten Sektoren von ressourcenreichen Regionen infolge eines Ressourcenbooms ihre internationale Wettbewerbsfähigkeit verlieren und die dadurch entstehenden Verluste größer als die zusätzlichen Ressourceneinnahmen ausfallen. Zunächst wird empirisch überprüft, ob Ressourcenbewegungs- und Ausgabeneffekte auch auf die regionale Ebene übertragen werden können. Anschließend werden die Vorhersagen untersucht. Es wird erwartet, dass ein Rohstoffboom zu einer erhöhten Produktivität im entsprechenden Sektor und damit einhergehend zu einem höheren regionalen Lohnniveau (*Vorhersage 1*) beiträgt. Im nächsten Schritt führt dies zu einem Rückgang der Beschäftigung im handeltreibenden Sektor (*Vorhersage 2*), was wiederum zu einem Rückgang der Produktivität des handeltreibenden Sektors führt (*Vorhersage 3*). Ist dieser Rückgang stärker als die hinzugewonnene Produktivität im Ressourcensektor, kommt es trotz eines Rohstoffbooms insgesamt zu einem Wohlfahrtsverlust (*Vorhersage 4*), womit die Existenz der Holländischen Krankheit innerhalb von Ländern nachgewiesen wäre.

4.2 Ausgaben- und Ressourcenbewegungseffekt

Die Mechanismen der Holländischen Krankheit auf nationaler Ebene können unabhängig von der Währung auch innerhalb von Ländern auf regionaler Ebene über eine Preisinflation bzw. durch ein höheres Lohnniveau wirken. In diesem Abschnitt werden die Auswirkungen eines Ressourcenbooms auf Inflation und Exporte analysiert, um Ausgaben- und Ressourcenbewegungseffekte am Beispiel von kanadischen Provinzen auf regionaler Ebene empirisch betrachten zu können. Durch die starke Dezentralisierung und die hohe Datenverfügbarkeit der kanadischen Wirtschaft können die Provinzen Kanadas als weitgehend unabhängige Regionen angenommen werden. Damit sollten die institutionellen Rahmenbedingungen Kanadas eine Verallgemeinerung der Ergebnisse nicht behindern. Im Vergleich zur länderübergreifenden Betrachtung bietet das regionale Umfeld eine höhere Faktormobilität, was wiederum die erwartete Größenordnung des RME abschwächen oder sogar umkehren kann (vgl. Raveh 2013, S. 1342).

Im ersten Schritt wird untersucht, ob es empirische Belege für die Mechanismen der Holländischen Krankheit (RME und SE) gibt. Die provinzübergreifenden Regressionen nach Papyrakis und Raveh (2014, S. 6) analysieren für die 13 kanadischen Regionen, ob ressourcenreiche kanadische Provinzen im Durchschnitt höhere Inflationsraten (SE) sowie einen sinkenden Anteil der nicht handeltreibenden Sektoren am Gesamtkapital aufweisen. Die Inflation wird als jährliche prozentuale Änderung des regionalen Preisniveaus gemessen. Als Maß für Ressourcenreichtum wird der relative Anteil des Rohstoffsektors am Nationaleinkommen angesetzt. Entsprechend der theoretischen Vorhersagen zum SE zeigt Regression (1) in Tab. 3 (s. Anhang), dass in den rohstoffreichen kanadischen Provinzen eine höhere Inflation auftritt. Ein Unterschied im Rohstoffanteil am BIP von 50 % bedeutet eine um etwa 1 % höhere Inflationsrate. In Regression (2) können schwache Hinweise auf einen Rückgang des Anteils der nicht handeltreibenden Sektoren am Gesamtkapital beobachtet werden. Regression (3) untersucht den möglichen Verdrängungseffekt, der sich aus der Theorie von RME und SE ableitet. Ressourcenreichtum hat im Gegensatz zu den theoretischen Überlegungen einen schwach positiven Einfluss auf das Exportwachstum. In Regression (4) kann festgestellt werden, dass die Inflation das Exportwachstum abschwächt, während ein großer Anteil des Gesamtkapitals in den nicht handeltreibenden Sektoren einen gegenteiligen Effekt hat. Dies deutet darauf hin, dass die natürlichen Ressourcen einen potenziell positiven Effekt auf das Exportwachstum haben, sobald ihre indirekten Auswirkungen auf die Inflation und den Kapitalverkehr kontrolliert werden. Die eher schwache Beziehung zwischen Exportwachstum und Ressourcen innerhalb der Regression dürfte daher durch die indirekten Effekte der Holländischen Krankheit von natürlichen Ressourcen auf andere exportbezogene Aktivitäten erklärt werden. In Regression (5) umfasst der Koeffizient des Ressourcenreichtums sowohl direkte als auch indirekte Auswirkungen und weist auf einen Anstieg des Exportwachstums um ceteris paribus 0,052 % für jeden zusätzlichen Prozentsatz der Ressourcen am BIP hin (vgl. Papyrakis und Raveh 2014, S. 7–8).

Des Weiteren belegen Papyrakis und Raveh (2014, S. 9), dass es ohne SE (RME) einen zusätzlichen Anstieg des Exportwachstums von 44 % (17 %) geben würde. Jeder zusätzliche Prozentpunkt an natürlichen Ressourcen am BIP hätte einem Anstieg des Exportwachstums um ceteris paribus 0,084 gegenüber 0,052 entsprochen. Ohne die Holländische Krankheit hätten die ressourcenreichen kanadischen Provinzen damit einen um 61 % größeren Anstieg des Exportwachstums erfahren. Damit lässt sich festhalten, dass die natürlichen Ressourcen das Exportwachstum insgesamt stimulieren. Das schwächt die Holländische Krankheit allerdings deutlich ab. Gleichzeitig stellen die Autoren fest, dass der überwiegende Teil der Auswirkungen der Holländischen Krankheit (ca. 70 %) auf den SE entfällt und der Rest (30 %) auf den RME.

4.3 Bevölkerung und Löhne

Vorhersage 1 des Modells besagt, dass ein Ressourcenboom die lokale Bevölkerung und die Löhne erhöht. Diese Vorhersage ist wichtig, weil die Lohnerhöhung auf regionaler Ebene, äquivalent zur Währungsaufwertung, den Anfang des Mechanismus der Holländischen Krankheit darstellt. Allcott und Keniston (2017, S. 716) untersuchen in Tab. 1 unter Verwendung der REIS-Daten[5] die relativen Auswirkungen des Öl- und Gasbooms auf Bevölkerung und Löhne. Die abhängige Variable gibt die Veränderung des natürlichen Logarithmus der aufgelisteten Faktoren an. Alle Regressionen enthalten Indikatoren und Kontrollen für die einzelnen Jahre, die mit dem natürlichen Logarithmus der Ergebnisvariablen in zwei Basisjahren interagieren. Die Bevölkerungseffekte in Spalte (1) liegen der einjährigen Verzögerung der nationalen Öl- und Gasbeschäftigung zugrunde.

---

[5]   REIS = Regional Economic Information System (engl.). Das regionale Wirtschaftsinformationssystem des Bureau of Economic Analysis stellt Daten für US-amerikanische Landkreise und Bundesstaaten zur Verfügung.

Outcome:	(1) Population	(2) Employment	(3) Housing rent	(4) Earnings/ worker	(5) Mfg. earnings/ worker	(6) Mfg. employment
$\Delta\ln$(National oil&gas emp) $\times$endowment	0.0119*** (0.00201)	0.0282*** (0.00607)	0.0270*** (0.00754)	0.0179*** (0.00510)	0.0108*** (0.00376)	0.0293*** (0.00724)
Observations	135,274	138,349	15,371	138,349	111,709	111,754

Tabelle 1: Auswirkungen eines Rohstoffbooms auf regionaler Ebene

Anmerkungen: Die abhängige Variable ist die Änderung des natürlichen Logarithmus der aufgelisteten Indikatoren. Die Bevölkerungseffekte in Spalte (1) verwenden eine einjährige Verzögerung.

*, **, ***: Statistisch von Null verschieden mit 90 %, 95 % und 99 % Sicherheit.

Quelle: Allcott und Keniston 2017, S. 716.

Tab. 1 gibt an, dass ein Ressourcenboom, der die nationale Öl- und Gasbeschäftigung um 100 logarithmische Punkte steigert, gleichzeitig die relative Bevölkerung um 1,19 %, die Beschäftigung um 2,82 %, die Wohnungsmieten um 2,70 % und das Einkommen pro Arbeitnehmer um 1,79 % innerhalb der Region, bei einer zusätzlichen Ausstattung einer Standardabweichung, erhöht. Die positiven und statistisch signifikanten Koeffizienten deuten darauf hin, dass die Ergebnisse in den Regionen mit höheren Öl- und Gasvorkommen stärker prozyklisch mit der nationalen Öl- und Gasbeschäftigung einhergehen als in Regionen mit niedrigerem Einkommen. Somit erhöht ein Ressourcenboom das relative Wachstum signifikant, während eine Rezession das relative Wachstum signifikant verringert. Regression (5) zeigt, dass die relativen Verdienste im verarbeitenden Gewerbe pro Arbeitnehmer auch prozyklisch mit dem Ressourcenboom einhergehen. Laut *Vorhersage 2* des Modells hängt das Ausmaß der Auswirkungen eines Ressourcenbooms auf die Produzenten handelbarer Güter von dem Ausmaß der Lohnerhöhung ab.

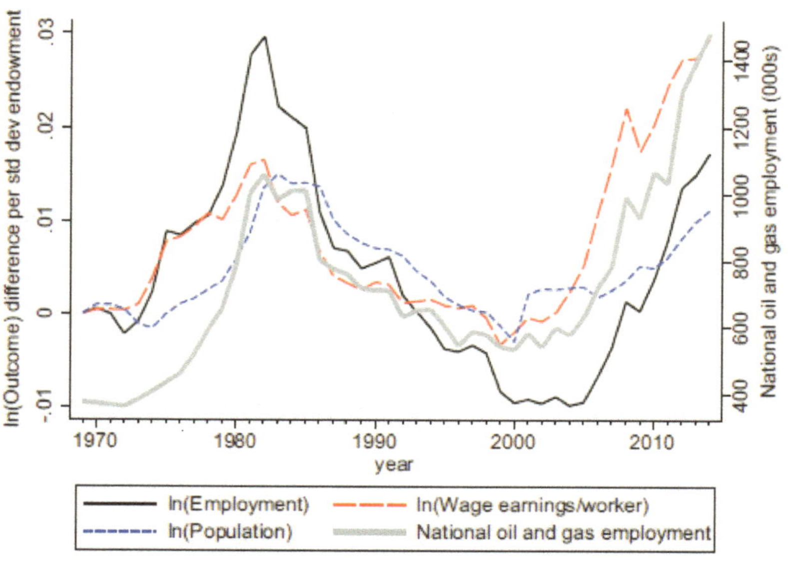

Abbildung 7: Regionale Entwicklung ökonomischer Variablen
Quelle: Allcott und Keniston 2017, S. 716.

Abb. 7 veranschaulicht die Schätzungen für Beschäftigung, Bevölkerung und Verdienst pro Arbeitnehmer und zeigt die dynamische Anpassung dieser Indikatoren an einen lokalen Wirtschaftsschock. Jedes der Ergebnisse ist prozyklisch zum Ressourcenboom. Die Beschäftigung in Öl- und Gasindustrie ist in grauer Farbe auf der rechten Achse abgetragen. Wenn der Rohstoffsektor boomt, steigen die Gesamtbeschäftigung und Löhne unmittelbar an. Die Bevölkerung, blauer Graph, passt sich wesentlich langsamer an. Für eine Region bedeutet dieser Befund in der kurzen Frist, dass bei einem Ressourcenboom die Beschäftigung stärker ansteigt als die Bevölkerung und damit die Arbeitslosigkeit zurückgeht. Mit einer Verzögerung von ein bis zwei Jahren wandern die Menschen auf der Suche nach höheren Löhnen aus und mildern die Lohnsteigerungen innerhalb der Region (vgl. Allcott und Keniston 2014, S. 56–57).

Bei der Untersuchung der lokalen Auswirkungen des Kohlebooms in den 1970er Jahren und des Zusammenbruchs in den 1980er Jahren in den kohleproduzierenden Regionen von vier US-Bundesstaaten finden Black et al. (2005, S. 473) ähnliche Beschäftigungs- und Lohneffekte über die Sektoren hinweg. Deller und Schreiber (2012, S. 121) untersuchen die lokalen Auswirkungen des Bergbaus innerhalb ländlicher US-Regionen von 2000 bis 2007 und finden ebenfalls einen positiven

Einfluss auf die Löhne. Hajkowicz et al. (2011, S. 30) ermitteln für australische Regionen eine positive Korrelation zwischen der lokalen Rohstoffproduktion und den Einkommen sowie weiteren Wohlfahrtsindikatoren. Ist der Verdrängungseffekt nur gering und die agglomerativen Effekte stark, erhöht dies die Wohlfahrtsgewinne durch einen Ressourcenboom umso mehr. Im Extremfall könnte die gesamte Bevölkerung eines Landes in die ressourcenreiche Region übersiedeln und dort auch nach dem Ende des Booms verweilen. Dies wäre kein neues Phänomen. So blieben die Bewohner, die sich nach und nach entlang von historischen Flussbauwerken niedergelassen hatten, noch lange nachdem diese Standorte keinen produktiven Vorteil mehr brachten, in ihrer Region (vgl. Allcott und Keniston 2017, S. 696–697).

4.4 Die Beschäftigung im handeltreibenden Sektor

Höhere lokale Löhne erhöhen zwar die lokale Wohlfahrt während des Booms, könnten aber auch den Produktionsfaktor Arbeit aus dem handeltreibenden Sektor abziehen und diesen schwächen. Gemäß *Vorhersage 2* führt der Mechanismus der Holländischen Krankheit nach einem Lohnanstieg sowie einer allgemein gestiegenen Beschäftigung dazu, dass die Beschäftigung im handeltreibenden Sektor zurückgeht und damit als Folge des Ressourcenbooms verdrängt wird. Die relativen Beschäftigungseffekte auf regionaler Ebene des verarbeitenden Gewerbes können nach Allcott und Keniston (2017, S. 718) in Tab. 1 (Spalte 6) als formale Schätzungen abgelesen werden und sind in Abb. 8 dargestellt. Die relative Beschäftigung im verarbeitenden Gewerbe in ressourcenreichen Regionen verhält sich prozyklisch zum Öl- und Gasboom, was nicht auf eine generelle Verdrängung hinweist. So lässt sich ablesen, dass die Beschäftigung im verarbeitenden Gewerbe während des Booms in den 1970er Jahren stieg, während der Rezession in den späten 1980er Jahren sank und schließlich gleichzeitig mit dem Boom in den 2000er Jahren wieder anstieg. Ein Rohstoffboom, der die nationale Öl- und Gasbeschäftigung um 100 logarithmische Punkte erhöht, steigert die relative Beschäftigung im verarbeitenden Gewerbe um ceteris paribus 2,93 % in Regionen mit einer um eine Standardabweichung größeren Ausstattung.

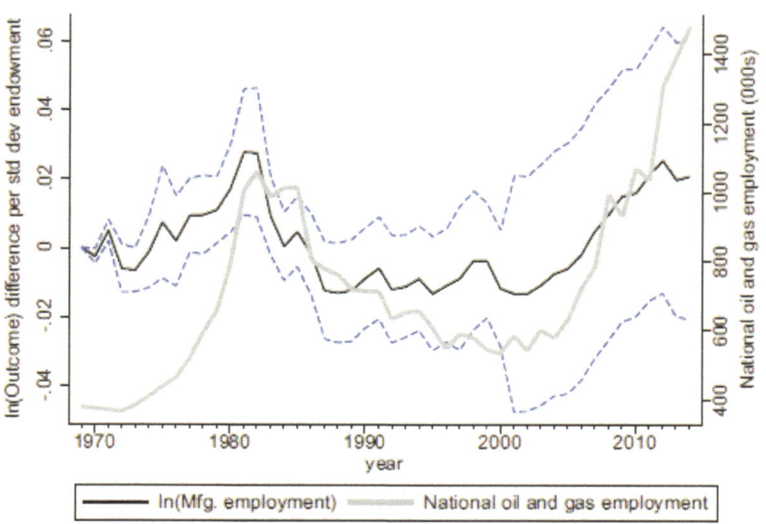

Abbildung 8: Entwicklung der Beschäftigung im verarbeitenden Gewerbe
Quelle: Allcott und Keniston 2017, S. 718.

Im Kontext von *Vorhersage 2* deutet die Prozyklizität des verarbeitenden Gewerbes im Angesicht eines Ressourcenbooms darauf hin, dass ein erheblicher Anteil des verarbeitenden Gewerbes lokal handelt. Daraus lässt sich schlussfolgern, dass das Wachstum in den lokal agierenden Teilsektoren des verarbeitenden Gewerbes den Rückgang der überregional handeltreibenden Teilsektoren mehr als ausgleicht.

Tab. 4 (s. Anhang) zeigt verschiedene Panel, die je einen anderen Indikator präsentieren. Jede Spalte enthält Schätzungen mit zusammengefassten Ergebnissen aus verschiedenen Subsektoren des verarbeitenden Gewerbes. Spalte (1) enthält Schätzungen für alle Fertigungsbereiche. Das erste Panel untersucht die Beschäftigung und bestätigt das Ergebnis aus Tab. 2, dass der Sektor mit Öl und Gas prozyklisch agiert. Das zweite und dritte Panel berücksichtigt Einnahmen und Investitionen. In Spalte (3) wird die nicht mit dem Ressourcenboom in Verbindung stehende Produktion betrachtet. Die Spalten (4) und (5) sind Untergruppen der ressourcenunabhängigen Produktion, die sich in dem Aspekt überregional handeltreibend oder nur lokal unterscheiden. Auch diese Ergebnisse stimmen im Allgemeinen mit der Vorhersage des Modells 2 überein. Nicht mit dem Ressourcenboom in Verbindung stehende, lokal agierende Unternehmen sind eindeutig prozyklisch. Im Gegensatz dazu deutet Spalte 5 darauf hin, dass die handeltreibenden Teilsektoren antizyklisch reagieren, was ebenfalls der Theorie entspricht. Entscheidend ist, dass die Ergebnisse bei genau definierten Untergruppen der Produktion entstehen, die nicht ohne Weiteres aus dem aggregierten Datensatz sichtbar sind (vgl. Allcott und Keniston 2017, S. 619–620). Papyrakis und Raveh (2014, S. 1) bestätigen den Befund, dass ein lokaler Ressourcenboom zu höheren lokalen Preisen und einem Rückgang der Beschäftigung im handeltreibenden Sektor führt.

4.5 Die Produktivität des handeltreibenden Sektors

Im Folgenden werden die Auswirkungen des Ressourcenbooms auf die Produktivität der handeltreibenden Teilsektoren des verarbeitenden Gewerbes betrachtet. Gemäß *Vorhersage 3* ist der nächste Schritt des Mechanismus der Holländischen Krankheit innerhalb von Ländern nachweisbar, wenn die Kontraktion des handeltreibenden Sektors zu einer verringerten Produktivität führt. Tab. 4 (s. Anhang) zeigt bereits, dass nur die handeltreibenden Teilsektoren des verarbeitenden Gewerbes während eines Booms der natürlichen Ressourcen zu schrumpfen scheinen. Belege für die Existenz der Holländischen Krankheit müssen dementsprechend in dieser Untergruppe zu finden sein. Abb. 9 zeigt die Entwicklung der Beschäftigung und der einkommensbezogenen totalen Faktorproduktivität (TFP-R)[6] für die handeltreibenden Teilsektoren des verarbeitenden Gewerbes. Die Beschäftigung ist im Allgemeinen antizyklisch, wie der negative Koeffizient in Tab. 4 (s. Anhang) andeutet. Die relative Beschäftigung in ressourcenreichen Regionen schrumpfte während des Booms in den 1970er und 1980er Jahren, bevor sie sich in den 1990er Jahren wieder erholte.

---

[6] Die einkommensbezogene totale Faktorproduktivität (engl. revenue-based total factor productivity = TFP-R) ist ein Maß für die Produktivität einer Region. Dabei wird der Teil des Wachstums des Bruttoinlandsprodukts angegeben, der nicht auf den zusätzlichen Einsatz von Produktionsfaktoren, wie Arbeit oder Kapital, zurückzuführen ist (Weyerstraß 2018, S. 1).

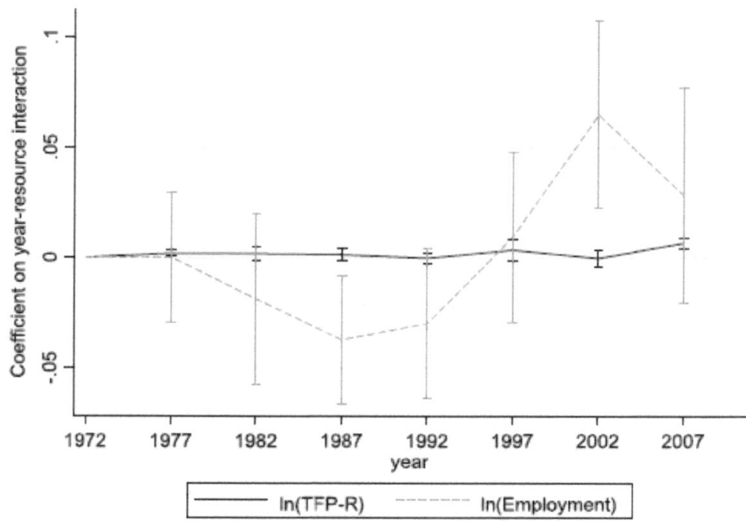

Abbildung 9: Beschäftigung und Produktivität im handeltreibenden Sektor
Quelle: Allcott und Keniston 2017, S. 722.

Allcott und Keniston (2017, S. 722) können für Regionen mit einer zusätzlichen Standardabweichung mit 90 %iger Sicherheit ausschließen, dass der TFP-R in jedem Erhebungsjahr um mehr als 0,39 %, gesunken ist. Bezugnehmend auf *Vorhersage 3* bedeutet dieses Ergebnis, dass die Auswirkungen eines Ressourcenbooms auf die Produktivität des handeltreibenden Sektors ökonomisch unbedeutend sind. Damit ist die bisher nachgewiesene Abfolge von Ereignissen des Mechanismus der Holländischen Krankheit erstmals unterbrochen. Papyrakis und Raveh (2014, S. 179) stellen allerdings fest, dass ressourcenunabhängige Exporte unter einem lokalen Ressourcenboom leiden. Interessanterweise gehen nur die internationalen Exporte zurück, während der nationale Handel davon nicht betroffen ist. Dieser Befund spiegelt die Aufwertung des realen Wechselkurses wider, während der internationale Handel durch den nationalen Handel ersetzt wird, um die gestiegene lokale Nachfrage zu bedienen (vgl. Cust und Poelhekke 2015, S. 264). Tatsächlich prognostiziert das Modell von Allcott und Keniston (2017, S. 720–722) höhere Preise für lokal gehandelte Güter infolge eines Ressourcenbooms. Da für die meisten Produktionsanlagen keine physischen Produktionsdaten vorliegen, kann dies allerdings nicht weiter empirisch verifiziert werden.

Somit ist davon auszugehen, dass die gleichzeitigen TFP-R-Gewinne aus dem Rohstoffboom wahrscheinlich durch eine Kombination aus höheren Preisen und niedrigeren Transportkosten für Input und Output getrieben werden.

4.6 Langfristige Auswirkungen und Wirtschaftswachstum

Wie *Vorhersagen 3* und *4* implizieren, geben erst die langfristigen Auswirkungen eines Ressourcenbooms Aufschluss darüber, ob eine Region von der Holländischen Krankheit betroffen ist. *Vorhersage 3* besagt, dass, wenn entweder das lokale sektorale Learning by Doing oder die Agglomerationseffekte positiv sind, die Produktivität des lokal agierenden Sektors in den ressourcenreichen Regionen nach dem Boom höher sein wird. Für den handeltreibenden Sektor hängen die relativen Produktivitätseffekte nach dem Boom davon ab, ob der Verzicht auf Learning by Doing den Agglomerationseffekt überwiegen lässt. Wie oben bereits beschrieben sind die Gesamteffekte unbedeutend (s. Abb. 7).

Outcome:	(1) Population	(2) Employment	(3) Housing rent	(4) Earnings/ worker	(5) Mfg. earnings/ worker	(6) Mfg. employment
Endowment R_c^{early}	−0.0000928	−0.00117	−0.00666	0.000545	−0.00980	−0.00271
	(0.00475)	(0.00572)	(0.00407)	(0.00178)	(0.00660)	(0.0151)
Observations	3,075	3,075	3,075	3,075	2,483	2,484

Tabelle 2: Langzeiteffekte des Ressourcenbooms zwischen 1970 und 1980
Anmerkungen: Die abhängige Variable ist die Veränderung des natürlichen Logarithmus der aufgelisteten Indikatoren für 1972-1997.
*, **, ***: Statistisch von Null verschieden mit 90 %, 95 % und 99 % Sicherheit.
Quelle: Allcott und Keniston 2017, S. 724.

Tab. 2 zeigt die Schätzungen für jede der sechs wichtigsten Indikatoren auf regionaler Ebene aus Tab. 1. Die Koeffizienten belegen, dass die langfristigen Auswirkungen eines Ressourcenbooms über den gesamten Konjunkturzyklus der 1970er und 1980er Jahre gleich Null sind Die empirischen Ergebnisse aus der Studie von Allcott und Keniston (2017, S. 724) dokumentieren insgesamt, dass der Öl- und Gasboom die Löhne deutlich erhöht hat, auch wenn die Menschen in die Fördergebiete abwanderten. Ungeachtet dessen sind Beschäftigung und Produktion im verarbeitenden Gewerbe insgesamt prozyklisch mit dem Ressourcenboom verbunden. Obwohl der Ressourcenboom anscheinend die handelbare Produktion verdrängt hatte, gab es keine vorübergehende oder dauerhafte Verringerung der Produktivität innerhalb der handeltreibenden Teilsektoren. Michaels (2011 S. 52) untersucht ebenfalls US-Regionen und vergleicht die langfristigen wirtschaftlichen

Ergebnisse von ölreichen mit ölknapperen Regionen. Er findet vor allem positive Effekte. Ölreiche Regionen haben eine höhere Bevölkerungsdichte, ein höheres Pro-Kopf-Einkommen und eine höhere Beschäftigungsdichte im verarbeitenden Gewerbe trotz überhöhter Faktorpreise. James und Aadland (2011, S. 440) stellen einen negativen Zusammenhang zwischen der Spezialisierung auf den Abbau von natürlichen Ressourcen innerhalb von US-Regionen und dem entsprechendem Pro-Kopf-Einkommenswachstum fest. Freeman (2009, S. 527) findet ebenfalls Beweise für die Holländische Krankheit auf US-Bundesstaatenebene, wo die Verdrängung der Produktion des verarbeitenden Gewerbes zu einem langsameren Wachstum führt. Black et al. (2005, S. 473) betrachten die lokalen Auswirkungen eines Ressourcenbooms über einen vollständigen Konjunkturzyklus hinweg und finden dabei lediglich schwache Hinweise auf eine Verdrängung der Produktion des verarbeitenden Gewerbes, während Löhne und Beschäftigung nicht in anderem Umfang als üblich auf Nachfrageschwankungen reagieren.

Für die kanadischen Provinzen stellt Coulombe (2011, S. 15) fest, dass die Technologien der Ressourcengewinnung dazu führen, dass Innovationen und Investitionen in das Humankapital entstehen. Er untersucht unter anderem das Produktivitätswachstum der neufundländischen Wirtschaft seit der Entdeckung von Offshore-Öl in den 90er Jahren und findet Belege dafür, dass die Einnahmen aus natürlichen Ressourcen die öffentliche Infrastruktur verbessern und damit gleichzeitig auch zum Produktivitätswachstum beitragen kann. Boyce und Emery (2011, S. 1) kommen zu dem Ergebnis, dass Ressourcenreichtum auf der einen Seite negativ mit den Wachstumsraten korreliert, auf der anderen Seite aber eine positive Korrelation mit dem Einkommensniveau aufweist (vgl. Dubé und Polèse 2015, S. 39). Diese Erkenntnisse unterstreichen eher die positiven Effekte von Ressourcenreichtum, bieten aber dennoch mit der negativen Korrelation von Wachstum und Ressourcen einen Hinweis auf die Existenz der Holländischen Krankheit.

Die Ergebnisse hängen jedoch maßgeblich davon ab, wie Ressourcen, handeltreibende Sektoren und nicht handeltreibende Sektoren definiert werden. Vom Anstieg der lokalen Nachfrage profitiert jedes Unternehmen, das einen Teil seiner Produktion lokal verkauft. Eine engere Definition der nicht ressourcenabhängigen Sektoren kann zu stärkeren negativen Auswirkungen des Rohstoffbooms führen. Diese Unternehmen müssen höhere Löhne zahlen, können aber nicht von der lokalen Nachfrage profitieren.

Eine weitere mögliche Erklärung ist, dass etwaige negative Effekte durch andere, nicht beobachtete positive Effekte, z. B. durch die Bereitstellung lokaler Infrastruktur oder lokale Steuersenkungen aufgehoben werden (vgl. Cust and Poelhekke, 2015, S. 262–264).

4.7 Regionale Übertragungskanäle

Die empirische Untersuchung der regionalen Übertragungskanäle trägt auch dazu bei, die externen Effekte eines Ressourcenbooms innerhalb von Regionen zu quantifizieren und ein besseres Verständnis über die Mechanismen der Holländischen Krankheit zu erlangen. Neben der Betrachtung über die Sektoren hinweg finden Allcott und Keniston (2017, S. 728) auch Belege für erhebliche regionale Übertragungseffekte. Dabei erleben weniger ressourcenreiche Regionen positive Übertragungseffekte von ressourcenreichen Regionen. Obwohl die ressourcenarmen Regionen durch die höheren Löhne innerhalb der ressourcenreichen Regionen potenziell Bevölkerung und Arbeitskräfte verlieren, kann die lokale Wirtschaft gleichzeitig mehr Waren und Dienstleistungen produzieren, um die gestiegene Nachfrage der ressourcenreichen Region zu befriedigen. Da viele Produzenten dem Rohstoffsektor vor- bzw. nachgelagert sind oder lokal handelbare Güter produzieren, stimmen die Ergebnisse von Allcott und Keniston (2017) mit den klassischen Modellen der Holländischen Krankheit überein (Corden und Neary 1982).

Michaels (2011, S. 53) findet heraus, dass die Investitionen in die Infrastruktur ressourcenreicher Regionen zu positiven externen Agglomerationseffekten geführt haben und somit einen positiven Übertragungseffekt auf den Agrarsektor erklären können. Dies deutet darauf hin, dass sich ein lokaler Boom konservieren lässt, wenn die lokalen Einnahmen auch in lokalen Investitionen in öffentliche Güter wiederfinden, was einen weiteren Kanal für positive Übertragungseffekte darstellt. Auf den Arbeitsmarkt bezogen finden Papyrakis und Raveh (2014, S. 14) heraus, dass ein Ressourcenboom in benachbarten Regionen die Beschäftigung im handeltreibenden Sektor sogar noch erhöht, während der Anteil des Kapitals im handeltreibenden Sektor abnimmt, was insgesamt zu einer geringeren Kapitalintensität führt. Der positive Effekt auf das Kapital kann unter Umständen auf eine geringere Kapitalbesteuerung zurückzuführen sein, die durch Ressourceneinnahmen in der boomenden Provinz finanziert werden kann (Raveh 2013, S. 1342).

In Abhängigkeit vom regionalen Kontext und basierend auf dem Sektor, in welchem ein Ressourcenboom stattfindet, verändern sich auch die Auswirkungen und Übertragungskanäle auf den restlichen Teil einer Volkswirtschaft. Black et al. (2005, S.

473) zerlegen die Übertragungseffekte der Produktivität, die durch den Boom in der Kohlebergbauindustrie von Appalachia, einer Region im Osten der USA, entstanden sind. Dabei stellt sich heraus, dass der größte Übertragungseffekt auf die Bauindustrie verursacht wird, während nur geringe Auswirkungen auf das verarbeitende Gewerbe festgestellt werden können. Papyrakis und Raveh (2014, S. 9) stellen diesbezüglich ebenfalls fest, dass im Gegensatz zu natürlichen Ressourcen aus den sogenannten Punktquellen (Bergbau und Steinbruch), diffuse Quellen (Landwirtschaft, Fischerei, Jagd, Forstwirtschaft) praktisch keine Auswirkungen auf die umliegenden Wirtschaftszweige haben. Selbst innerhalb des gleichen Sektors kann es aufgrund von unterschiedlichen Rahmenbedingungen zu veränderten externen Ausstrahlungseffekten kommen. So hat das Offshore-Öl so gut wie keine Marktverbindungen mit der lokalen Wirtschaft, da zumeist keine lokalen Produktionsfaktoren genutzt werden und sich damit auch keine weitere Nachfrage nach lokal produzierten Waren und Dienstleistungen ergibt. In diesem Fall wird das lokale BIP, das unabhängig vom Öl ist, nicht durch die Existenz von Offshore-Ölbetrieben beeinflusst. Hingegen führt Onshore-Öl zu einer gewissen Umverteilung lokaler Produktionsfaktoren von dem verarbeitenden Gewerbe hin zu Dienstleistungen. Durch die direkte Nachfrage nach Dienstleistungen durch Ölarbeiter und Unternehmen wird auch das lokale Öl-unabhängige BIP stimuliert (vgl. Caselli und Michaels 2013, S. 30).

4.8 Abmilderungseffekte

Der Abbau natürlicher Ressourcen erfordert in der Regel umfangreiche Investitionen in die Infrastruktur und das Humankapital mit externen Effekten auch auf den Handel. Ungeachtet der sauberen Identifizierung der Ergebnisse in Allcott und Keniston (2017), Michaels (2011) und Black et al. (2005) stellt sich die Frage, wie spezifisch diese Ergebnisse für den Fall der USA sind. In Regionen anderer Länder mit weniger vor- oder nachgelagerten Industrien könnte ein größerer Anteil des verarbeitenden Gewerbes unter den Auswirkungen der Holländischen Krankheit leiden. Die theoretischen Überlegungen von Wahba (1998) weisen darauf hin, dass die Holländische Krankheit unter bestimmten Bedingungen durch Arbeitsmigration abgeschwächt werden kann. Durch Binnenmigration wird der Anstieg der Löhne verringert, was die relativ geringen negativen Auswirkungen der Krankheit in den USA ebenfalls erklären kann.

Anhand von Daten auf Provinzebene für Kanada untersuchen Beine et al. (2014 S. 1607–1608), wie Abmilderungseffekte der Arbeitsmobilität auf die Dynamik der Holländischen Krankheit sind. Zunächst finden die Autoren eindeutige Belege für die Existenz der Holländischen Krankheit in den kanadischen Provinzen. Den Autoren zufolge steigt in boomenden Provinzen der Anteil des nicht handeltreibenden Sektors tendenziell auf Kosten des handeltreibenden Sektors. Die Auswirkungen sind umso größer, je stärker der Ressourceneinkommensschock tatsächlich ausfällt. Die Einwanderung mildert diesen Effekt tendenziell ab. Die Autoren zeigen auch, dass dieser Minderungseffekt mit spezifischen Einwanderungsgruppen verbunden ist. Ausländische Zeitarbeiter und interregionale Migranten dämpfen, im Gegensatz zu internationalen Einwanderern, die nach dem traditionellen föderalen Punktesystem ausgewählt werden, den Anstieg im nicht handeltreibenden Sektor nicht. Die Migrationsströme reagieren am ehesten auf die Arbeitsmarktbedingungen innerhalb der einzelnen Provinzen. Diese Erkenntnisse sind vor allem für politische Entscheidungsträger von Interesse. Über eine gezielte Einwanderungspolitik könnten somit negative Effekte der Holländischen Krankheit abgemildert werden.

Raveh (2013, S. 1342–1343) weist darauf hin, dass die Senkung von Faktor-Mobilitätskosten ein weiterer Abmilderungsmechanismus der Holländischen Krankheit sein könnte. Er benutzt das Kapitalertragssteuer-Wettbewerbsmodell, um den Alberta-Effekt zu veranschaulichen, durch den der Abmilderungsprozess eintreten kann. Das Modell gibt einen Schwellenwert für die Kosten der Faktormobilität an. Wird dieser unterschritten, kann dies in ressourcenreichen Regionen einen Alberta-Effekt auslösen. Der durch die Ressourcen entstehende Steuervorteil kann ausgenutzt werden, um im interregionalen Wettbewerb Produktionsfaktoren anzulocken. Die üblichen Auswirkungen der Holländischen Krankheit, die beispielsweise mit dem Ressourcenbewegungseffekt zusammenhängen, werden auf diese Weise abgeschwächt und möglicherweise wie bei Wahba (1998, S. 362) sogar umgekehrt. Die empirische Analyse US-amerikanischer Regionen bestätigt die wichtigsten Ergebnisse des Modells. Ressourcenreiche Staaten haben ein wettbewerbsfähigeres Geschäftsumfeld, wobei sie gleichzeitig mehr Arbeitskräfte pro Kopf als ressourcenarme Staaten anziehen. Des Weiteren wachsen die Produktionssektoren ressourcenreicher Staaten relativ gesehen schneller als die der ressourcenarmen Staaten, wodurch die Auswirkungen der Holländischen Krankheit weiter abgeschwächt werden.

5 Diskussion

Aus den obigen Kapiteln wird deutlich, dass, unabhängig von den angewandten Methoden, verschiedene Ergebnisse für die Diagnose der Holländischen Krankheit erzielt werden, die nicht immer im Einklang mit den theoretischen Vorhersagen stehen. Dieses Kapitel dient dazu, die Erkenntnisse aus den vorigen Kapiteln einzuordnen, um die Leitfrage bewerten zu können. Aus der Beschäftigung mit dem Themenkomplex werden ebenfalls konkrete Handlungsempfehlungen zur Vermeidung der Holländischen Krankheit formuliert.

5.1 Schlussfolgerungen und weiterführende Überlegungen

Die Literatur zur Holländischen Krankheit gibt insgesamt ein gemischtes Bild ab. Die theoretischen Studien sagen zum Großteil negative Effekte eines Ressourcenbooms in Form der Holländischen Krankheit voraus. Die empirischen Belege können die Vorhersagen teilweise nicht ausreichend verifizieren. Tendenziell finden aktuellere Studien mit den neuesten wissenschaftlichen Methoden weniger Symptome für die Holländische Krankheit als ältere Studien. Dabei verlagert ein größer werdender Teil der Literatur den Schwerpunkt der Untersuchung der Dynamiken der Holländischen Krankheit auf die regionale Ebene. Neue Datensätze und empirische Methoden erleichtern das Auffinden von kausalen Beziehungen, die sowohl positive als auch negative Auswirkungen eines Rohstoffbooms identifizierbar machen.

Den theoretischen Überlegungen über die Auswirkungen eines Ressourcenbooms auf regionaler Ebene folgend, kann die Holländische Krankheit als eine Abfolge von Ereignissen formuliert werden. Ein Ressourcenboom führt über die erhöhte Produktivität des Rohstoffsektors zu höheren Löhnen, die auch vom handeltreibenden Sektor bezahlt werden müssen, was dort zu einer geringeren Beschäftigung führt. Dadurch sinkt die Produktivität im handeltreibenden Sektor. Diese Effekte sind für sich genommen nicht negativ. Sie sind eine Marktreaktion und spiegeln die strukturellen Anpassungen einer Wirtschaft wider, die ihre komparativen Vorteile ausnutzen will. Ist dieser Rückgang im Ressourcensektor stärker als die hinzugewonnene Produktivität, kommt es insgesamt trotz zusätzlichen Rohstoffen zu einem Wohlfahrtsverlust und damit zur Holländischen Krankheit. In Abwesenheit von Produktivitätsübertragungseffekten kehren die Regionen nach dem Ende des Ressourcenbooms zu ihrem alten Wachstumspfad zurück, allerdings auf einem höheren Wohlfahrtsniveau. Wenn es jedoch Produktivitätsübertragungseffekte gibt, ist der kumulative Wohlfahrtseffekt nicht mehr eindeutig. Wenn der Ressourcenboom den handeltreibenden Sektor zu stark verdrängt, sinkt die Produktivität dieses Sektors, was auch den Wohlstand verringern kann (vgl. Allcott und Keniston 2017, S. 696–697). In der Theorie werden daher ebenfalls auch die Übertragungseffekte betrachtet, die dazu führen können, dass die Produktivität des Rohstoffsektors auch andere Sektoren positiv beeinflusst. Um zu erklären, warum Ressourcenbooms im Sinn der Holländischen Krankheit das Wirtschaftswachstum verringern können, wird angenommen, dass die von der Rohstoffindustrie verdrängten Handelssektoren (das verarbeitende Gewerbe) eine wachstumsbeschleunigende Wirkung haben. Die Modelle erreichen dies in der Regel durch die Annahme, dass die handeltreibenden Sektoren am meisten vom Learning by Doing und anderen positiven Externalitäten profitieren (siehe auch Krugman 1987; Sachs und Warner 1995 oder Torvik 2001). In den üblichen endogenen Wachstumsmodellen bestimmen diese positiven Externalitäten den technologischen Fortschritt und das langfristige Wirtschaftswachstum. Durch diese Sichtweise könnte ein Ressourcenboom über die Verringerung von Investitionen und Beschäftigung im handeltreibenden Sektor den technologischen Fortschritt in einer Region verringern und langfristig negative Auswirkungen auf Wachstum und Wohlfahrt haben (vgl. Aragon et al. 2015, S. 1–5). Damit kann aus theoretischer Sicht die Existenz der Holländischen Krankheit innerhalb von Regionen begründet werden.

Die meisten Vorhersagen aus der Theorie können durch die Empirie belegt werden. So werden nach einem Ressourcenboom auf regionaler Ebene Lohnsteigerungen festgestellt. Das gleicht auf Länderebene der beobachteten Währungsaufwertung durch den zusätzlichen Devisenstrom. Auch der Ressourcenbewegungseffekt kann empirisch nachgewiesen werden, da in den meisten Studien zumindest ein kurzfristiger Rückgang der Beschäftigung des verarbeitenden Gewerbes festzustellen ist, was als direkte Deindustrialisierung interpretiert werden kann. Der Ausgabeneffekt, der die regionale Nachfrage antreibt, wirkt dem entgegen, indem auch die lokal agierenden Teilsektoren des verarbeitenden Gewerbes auf diese Weise vom Ressourcenboom profitieren können. Die Verflechtung des Rohstoffsektors mit der lokalen Wirtschaft führt in den meisten Studien zu positiven Wohlfahrtseffekten. Die regionale Nachfrage wirkt nicht nur auf die anderen Sektoren positiv, sondern auch in benachbarten Regionen, die keinen Ressourcenboom erleben. Bis zu diesem Zeitpunkt können die theoretischen Überlegungen von der Empirie verifiziert werden. Viele Studien finden jedoch keine signifikanten Belege dafür, dass ein Ressourcenreichtum zu Wohlfahrtverlusten führt bzw. dem verarbeitenden Gewerbe auch in der langen Frist schadet.

Ob die Befunde möglicherweise nur für Regionen in entwickelten Ländern wie den USA, Kanada oder Australien gelten, die mehr Potenzial für die Entwicklung lokaler vor- und nachgelagerter Industrien haben, ist unklar. Die Datenlage in den Entwicklungsländern lässt diesbezüglich keine ausreichenden Rückschlüsse zu. Die entwickelten Länder scheinen aber aufgrund ihrer institutionellen Voraussetzungen besser in der Lage zu sein, Boomzeiten zu verlängern und Krisenzeiten zu verkürzen, indem sie gemäß der Theorie zur optimalen Verwendung von Ressourceneinnahmen (Kapitel 2.3.) in die lokale Infrastruktur und andere öffentliche Güter investieren (vgl. Cust und Poelhekke 2015, S. 265–266).

Der Blick auf die Erkenntnisse aus Theorie und Empirie zeigt, dass die Ergebnisse der einzelnen Fallstudien zumeist nicht auf Regionen innerhalb von anderen Ländern übertragbar sind. Hinzu kommt, dass prinzipiell jeder Sektor und sogar Teilsektor andere Ausstrahlungseffekte auf die restliche Wirtschaft zu haben scheint. Je nachdem, in welchem Sektor ein Rohstoffboom stattfindet und in Abhängigkeit vom regionalen Kontext, verändern sich auch die Auswirkungen auf die ressourcenabhängigen und unabhängigen Sektoren einer Volkswirtschaft. So führen Booms der erneuerbaren Ressourcensektoren wie der Land- und Forstwirtschaft nicht zu Symptomen der Holländischen Krankheit, während so gut wie keine Übertragungseffekte festgestellt werden können (vgl. Papyrakis und Raveh 2014, S. 9). Aus den Studien über Kanada, Australien und die USA geht hervor, dass Minen und Ölfelder kurzfristig positive Arbeitsmarkt- und Wohlfahrtseffekte auf die umliegende Wirtschaft erzeugen.

Die insgesamt als positiv zu bewertenden Auswirkungen eines Ressourcenbooms innerhalb von Regionen entwickelter Industrienationen beziehen sich vor allem auf die wirtschaftlichen Aspekte. Außerhalb des erweiterten Modells könnte ein Ressourcenboom auch langfristige Auswirkungen durch andere Mechanismen haben. Marktversagen oder sonstige Anpassungskosten könnten die Rezessionen nach dem Ende eines Booms vertiefen. Veränderungen der Umweltqualität können, ausgelöst vom Abbau natürlicher Ressourcen, auch erst Jahrzehnte später andere Ergebnisse negativ beeinflussen. Weitere, nicht berücksichtigte Aspekte, die mit einem Ressourcenboom einhergehen, stellen insbesondere die Unsicherheit durch die Konjunkturschwankungen dar. Vor allem für die Privatwirtschaft führt dies zu einem Abschreckungseffekt für langfristige Investitionen, was das eher niedrige Wachstum in einigen ressourcenreichen Regionen erklären könnte (vgl. Dubé und Polèse 2015, S. 39–40). Erwiesenermaßen führt die Ausbeutung der natürlichen

Ressourcen unter anderem aber auch zu Rent-Seeking[7], Ungleichheit und einer verschlechterten Umweltqualität (vgl. Bardt 2005, S. 37–41). Gerade im Hinblick auf die aktuellen Diskussionen bezüglich des globalen Klimawandels können die langfristigen Folgen des Abbaus der Rohstoffe noch nicht abgeschätzt werden. Von daher scheint es gut möglich, dass eine Erweiterung der Betrachtung dazu führen kann, dass die Holländische Krankheit auf andere Weise als traditionell angenommen der lokalen Wirtschaft erst nach längerer Zeit noch Schaden zufügt. Die aktuell positiven Ergebnisse können somit auch darauf zurückgeführt werden, dass die negativen externen Effekte in den ökonomischen Zahlen von heute noch nicht ausreichend berücksichtigt werden.

Die Integration weiterer Aspekte in die Analyse der Holländischen Krankheit kann neben dem Trend zu einer kleinteiligeren Betrachtung der Mechanismen auf regionaler Ebene eine Forschungsarbeit wert sein. Der aufkommende Strukturwandel, der durch Globalisierung, Digitalisierung und Dekarbonisierung der Volkswirtschaften über verschiedene Instrumente wie der CO_2-Bepreisung vorangetrieben wird, könnte dazu führen, dass ressourcenreiche Regionen abgehängt werden, weil der neue Ressourcenreichtum nicht mehr so stark durch Rohstoffe, sondern durch Daten und Informationen definiert werden. Auch methodisch werden zukünftige Studien den Wissenshorizont erweitern. Laut Cust und Poelhekke (2015, S. 263–266) sollte vor allem darauf geachtet werden, Annahmen wie exogene Entdeckungen zu identifizieren und eine bessere Datenqualität anzustreben. Damit könnte man nicht nur frühere Ergebnisse testen, sondern auch die externe Validität bewerten.

5.2 Einordnung und Ausblick

Sollen ressourcenreiche Regionen und ihre Entscheidungsträger am Rohstoffsektor festhalten?

Der in der Arbeit formulierte theoretische Modellrahmen lässt die konkrete Beantwortung der Leitfrage zunächst offen. Die theoretischen Überlegungen gehen davon aus, dass die Löhne in der ganzen Region steigen, während die Beschäftigung nur in den ressourcenabhängigen Sektoren ansteigt. Die Produktivität im Rohstoffsektor steigt auf Kosten des handeltreibenden, ressourcenunabhängigen

---

[7] Rent-Seeking bezeichnet in der politischen Ökonomie das Streben von Interessengruppen, Unternehmen und anderen Marktakteuren nach der Verbesserung von Einkommenserzielungschancen im Marktbereich mithilfe politisch erwirkter Privilegien (Krämer 2018).

Sektors. Unter der Bedingung, dass die Verluste des handeltreibenden Sektors größer sind als die hinzugewonnene Produktivität durch den Ressourcenboom innerhalb des Rohstoffsektors, könnte man aus theoretischer Sicht sagen, dass ein Rohstoffboom als Folge der Holländischen Krankheit nicht dauerhaft dabei helfen kann, die rohstoffreichen Regionen besserzustellen. Das entscheidende Argument zur Unterstützung der These kommt aus dem Bereich der endogenen Wachstumstheorie, die besagt, dass der handeltreibende Sektor eine besondere Rolle bei der Generierung von Wachstum darstellt. So wird davon ausgegangen, dass gerade dieser Sektor positive exogene Effekte über das Learning by Doing und die Agglomeration auf die gesamte Wirtschaft ausübt und somit den technischen Fortschritt beschleunigt. Kommt es infolge eines Ressourcenbooms zu einem Rückgang des handeltreibenden Sektors, wird die Wirtschaft langfristig darunter leiden, indem sie sich trotz des prosperierenden Rohstoffsektors auf einem niedrigeren Wachstumspfad befindet als ohne einen Ressourcenboom. Unter den Annahmen, dass der Rohstoffsektor keine positiven externen Auswirkungen auf die anderen Sektoren hat, dürften die politischen Entscheidungsträger eigentlich nicht am Rohstoffsektor festhalten.

Auch wenn die meisten Vorhersagen aus der Theorie durch die Empirie belegt werden können, gibt es nur wenige Hinweise darauf, dass ein Ressourcenboom gemäß der Holländischen Krankheit einer Region langfristig tatsächlich schadet. Einzelne Symptome der Holländischen Krankheit können hingegen zweifelsfrei identifiziert werden. Ein lokaler Ressourcenboom führt auf regionaler Ebene zu Lohnsteigerungen. Die sinkende Beschäftigung im ressourcenunabhängigen, handeltreibenden Sektor kann ebenfalls nachgewiesen werden. Da es aber auch Belege dafür gibt, dass lokal handelnde Teilsektoren des verarbeiten Gewerbes von der gesteigerten lokalen Nachfrage profitieren, wird der potenziell negative Effekt der Holländischen Krankheit abgeschwächt. Vor allem die Annahme, dass der handeltreibende Sektor besondere Eigenschaften aufweist, deckt sich nicht mit den empirischen Erkenntnissen. Die Verflechtung des Rohstoffsektors mit der lokalen Wirtschaft führt in den meisten Studien zu positiven Wohlfahrtseffekten. Folglich wird eine der Hauptideen der Holländischen Krankheit, dass ein Ressourcenboom das Gesamtwachstum einer Region reduzieren könnte, nicht durch die Daten von Allcott und Keniston (2017) belegt. Andere Studien über die Auswirkungen eines Ressourcenbooms auf regionaler Ebene kommen zu ähnlichen Ergebnissen (Papyrakis und Raveh 2014). Die empirische Perspektive bietet damit genug Anlass, den politischen Entscheidungsträgern ein Festhalten am Rohstoffsektor zu empfehlen.

Nach den aktuellen Erkenntnissen führt ein Ressourcenboom in der langen Frist nicht zu signifikant schlechterem Wachstum, weshalb davon auszugehen ist, dass Regionen von einem Boom profitieren. Zumindest die in dieser Masterarbeit betrachteten Studien über die Regionen von Industrienationen führen zu der Empfehlung, am Rohstoffsektor festzuhalten. Dennoch muss die Allgemeingültigkeit der Befunde stark eingeschränkt werden. Während Ressourcenvorkommen bisweilen zufällig entdeckt werden, scheint vieles an der institutionellen Qualität zu liegen, ob die Holländische Krankheit zu einer tatsächlichen Deindustrialisierung führt. Ein anerkanntes Ergebnis aus diesem Literaturzwieg besagt, dass der Ressourcenreichtum das Gesamteinkommen vor allem dann erhöht, wenn die Institutionen stark sind und im Gegenzug das Gesamteinkommen verringert, wenn die Institutionen schwach sind (vgl. Mehlum et al. 2006, S. 1).

Sobald die Datenlage in den Entwicklungsländern ein ausreichendes Niveau erreicht hat, könnten die Studien in diesen Regionen repliziert werden, um die Allgemeingültigkeit der Ergebnisse weiter zu verifizieren. Es gibt einige Hinweise darauf, dass Ressourcenprojekte interne Konflikte anheizen können. Der Abbau von natürlichen Ressourcen kann die Ungleichheit mit asymmetrischen Auswirkungen auf Männer und Frauen erhöhen und verschärfen, während die Schließung von Abbaugebieten oder ein genereller Einbruch der Rohstoffförderung schmerzhafter sein können als die Wohlfahrtsgewinne, die ein Ressourcenboom in die Region gebracht hat (Cust und Poelhekke 2015, S. 255–258). Somit ist es gut möglich, dass die Leitfrage unter Berücksichtigung neuer Forschungsergebnisse in Zukunft anders beantwortet werden kann und der Rohstoffsektor zu einem Auslaufmodell wird.

5.3 Politische Handlungsempfehlungen

Was können politische Entscheidungsträger tun, um die Holländische Krankheit einzudämmen? Laut Corden (2012, S. 290) sind die wichtigsten Optionen: Nichts tun und den Markt sich selbst überlassen, ein punktueller Protektionismus, abmildern von Wechselkurseffekten durch einen Haushaltsüberschuss in Verbindung mit der Senkung des Zinssatzes und die Einrichtung eines Staatsfonds. Die politischen Handlungsempfehlungen orientieren sich unter anderem an den Theorien der optimalen Verwendung der Ressourceneinnahmen (PIH, Bird-in-Hand, Developing), der Hartwick-Regel und der Empfehlung von Stiglitz (2006, S.148–149), dass Devisen in Höhe des Leistungsbilanzüberschusses nicht umgetauscht, sondern im Ausland investiert werden sollen, um die Holländische Krankheit zu vermeiden. Bei der Vermeidung oder Verminderung geht es für politische Entscheidungsträger in erster Linie darum, die Sektoren, die nicht direkt von dem Ressourcenboom profitieren, zu unterstützen. Der handeltreibende Sektor des verarbeitenden Gewerbes leidet infolge eines Ressourcenbooms auf regionaler Ebene darunter, die gestiegenen Löhne bei gleichbleibender Produktivität bezahlen zu müssen. Dies führt zu einem Beschäftigungsrückgang zugunsten des Ressourcensektors und damit auch zu einem Rückgang der Produktivität im handeltreibenden verarbeitenden Gewerbe. Die zusätzlichen Ressourceneinnahmen sorgen dafür, dass Geld in die Region strömt, während die gestiegene regionale Nachfrage indirekt zu höheren Steuereinnahmen beiträgt.

Entscheidungsträger haben nun grundsätzlich drei Möglichkeiten das neue Einkommen zu verwenden. Die Einnahmen werden im Ausland investiert. Damit wird der Konsum zunächst in die Zukunft verlagert, während die lokale Wirtschaft unter verschlechterten Wechselkursbedingungen nicht seine internationale Wettbewerbsfähigkeit einbüßt. Die Einnahmen werden im Inland investiert. Investitionen sind die Grundlage für den Aufbau von Produktionskapazitäten und schaffen Wettbewerbsvorteile auf vielen Ebenen. Die Einnahmen fließen sofort in den Konsum. Dadurch steigt neben der Nachfrage nach inländischen Gütern auch die Importnachfrage, was positive Effekte auf benachbarte Regionen ausübt (Van der Ploeg und Venables 2011, S. 1). Die politischen Entscheidungsträger befinden sich aber auch in einem Zielkonflikt. Kurzfristige Ausgaben, wie beispielsweise eine Erhöhung der Sozialleistungen, können die Wiederwahl sichern, sind auf der anderen Seite aber in der langen Frist nicht optimal und können die Holländische Krankheit maßgeblich befördern (The Economist 1977, S. 82–83). Die empirischen Studien zeigen auf, dass tendenziell zu wenig gespart/investiert wird und ein zu großer Anteil der Ressourceneinnahmen verkonsumiert wird.

Auf nationaler Ebene impliziert die Theorie vor allem, dass die Aufwertung der heimischen Währung verhindert werden soll. Als positives Beispiel, wie man von den Erträgen seines investierten Kapitals profitiert, ist Norwegen zu nennen. Der Staatsfonds des skandinavischen Landes investiert die direkten Einnahmen aus der Erdölförderung im Ausland und sorgt damit für eine Einkommensglättung der volatilen Öleinnahmen (Caner und Grennes 2010, S. 598). Neben dem Management der Ressourceneinnahmen sind laut Røed Larsen (2006, S. 607) gezielte makroökonomische Entscheidungen, die Organisation politischer und wirtschaftlicher Institutionen sowie ein starkes Justizsystem mit sozialen Normen die Hauptfaktoren dafür, dass Norwegen dem Ressourcenfluch fortlaufend entkommt und somit die Symptome der Holländische Krankheit weitgehend vermeiden kann. Im Besonderen verspricht die Verbesserung der institutionellen Qualität ein effektives Ausschöpfen der Vorteile, die sich aus der Gewinnung von natürlichen Ressourcen ergeben. Mehlum et al. (2006, S. 16) zeigen, dass die Qualität der Institutionen darüber entscheidet, ob Regionen dem Ressourcenfluch entgehen oder nicht. Die Kombination aus ineffizienten Institutionen und Ressourcenreichtum führt zu geringem Wachstum, während effiziente Institutionen die Symptome der Holländischen Krankheit abmildern.

Übertragen auf die regionale Ebene innerhalb von Ländern sollten Regionen, die sich in einem Rohstoffboom befinden, versuchen, die Lohnstrukturen möglichst konstant zu halten und dafür Sorge tragen, dass Lohnsteigerungen in allen Sektoren nur im selben Umfang wie die Produktivitätssteigerungen vollzogen werden, damit vor allem der handeltreibende Sektor seine Wettbewerbsfähigkeit beibehält. Das Verständnis über die regionalen Übertragungsmechanismen der positiven Effekte eines Ressourcenbooms könnte ebenfalls genutzt werden, um die gesamte Wirtschaft durch die zusätzlichen Einnahmen zu einem nachhaltigen Wachstum zu führen. Aufgrund der enormen Preisschwankungen an den Rohstoffmärkten wäre es zumindest aus theoretischer Sicht denkbar, die Ressourceneinnahmen aktiv über eine Anpassung der Fördermenge zu regulieren. Ein Ansatz, der auch aufgrund mangelnder Flexibilität auf den Arbeitsmärkten sowie politischen Restriktionen weitere Probleme mit sich bringt und daher nicht ernsthaft in Betracht gezogen werden kann. Ein weiterer Aspekt für die Milderung von Krankheitssymptomen ist eine gezielte Einwanderungspolitik. Vor allem die interregionale Arbeitsmigration federt die negativen Auswirkungen eines Rohstoffbooms nachweislich ab (vgl. Beine et al. 2014, S. 1574). Sinnvolle Politikmaßnahmen könnten die Mobilität der Arbeitskräfte fördern, etwa durch Bürokratieabbau, Beratungsstellen oder Mobilitätszuschüsse.

Generell erscheint es sinnvoll, für jede Region eine auf die entsprechenden Strukturen eingehende Wirtschaftspolitik zu formulieren und nicht wie im Fall Kanadas verschiedenartige Regionen unter einer Wirtschaftspolitik zusammenzufassen. Die 30 Wirtschaftsregionen von Westkanada wurden 1988 zu einer gemeinsamen Entwicklungsregion vereint, während der einzige wirtschaftspolitische Schwerpunkt auf der Diversifizierung des Industriemixes gelegt wurde. Die einzelnen Wirtschaftsregionen weisen jedoch eine große Vielfalt in Wirtschaftsstruktur und Wachstumsraten auf. So sind dort Regionen mit den höchsten und niedrigsten Beschäftigungswachstumsraten in Kanada vereinigt. Um die lokalen Potenziale optimal auszuschöpfen, erfordert die regionale Vielfalt eine Entwicklungspolitik, die auf die jeweiligen regionalen Bedingungen zugeschnitten ist, anstatt einer eindimensionalen Politikmaßnahme wie der Fokussierung auf Diversifizierung. (vgl. Ray 2013, S. 411–412). Vielleicht sollten die politischen Entscheidungsträger aber auch verstärkt dem Markt erlauben, sich selbst zu korrigieren, da die Marktanpassungen möglicherweise geringere Effizienzverluste mit sich bringen als die branchenspezifischen Unterstützungsmaßnahmen. Dies könnte besonders wichtig sein, da auf den Weltmärkten eine hohe Unsicherheit über die künftigen Rohstoffpreise vorherrscht. Negative Effekte aufgrund von industriepolitischen Markteingriffen könnten so vermieden werden (vgl. Shafiullah et al. 2018, S. 17).

6 Fazit

Die Masterarbeit verknüpft einen traditionellen Ansatz zur Untersuchung der Holländischen Krankheit mit der regionalen Betrachtung des Phänomens innerhalb von Ländern durch die Verwendung eines modernen Ansatzes. Damit wird eine Verbindung zwischen zwei Forschungsgebieten hergestellt. Während die Ökonomen der Neoklassik eine positive Wirkung von Rohstoffreichtum auf die gesamte Wirtschaft vorhersagen, wurden in den letzten Jahrzehnten viele Hinweise auf negative Auswirkungen eines Ressourcenbooms gefunden. Vor dem Hintergrund des, von Klimawandel und Globalisierung geprägten wirtschaftlichen Strukturwandels hinterfragt die Masterarbeit, ob ressourcenreiche Regionen aus ökonomischer Perspektive an ihrem jeweiligen Rohstoffsektor festhalten sollen.

Aus dem theoretischen Modellrahmen der Holländischen Krankheit innerhalb von Ländern lassen sich eine Reihe von Vorhersagen ableiten. Nach einem Ressourcenboom werden, neben dem Ressourcenbewegungseffekt und dem Ausgabeneffekt, auch Agglomeration und Learning by Doing als wichtige Mechanismen der Holländischen Krankheit identifiziert. Mithilfe dieser Aspekte kann die Holländische Krankheit als eine Abfolge von Ereignissen formuliert werden. Ein Ressourcenboom führt über die erhöhte Produktivität des Rohstoffsektors zu höheren Löhnen, die auch vom handeltreibenden Sektor bezahlt werden müssen, was dort zu einer geringeren Beschäftigung führt. Dadurch sinkt die Produktivität im handeltreibenden Sektor. Diese Effekte sind für sich genommen nicht negativ. Sie sind lediglich eine Marktreaktion und spiegeln die strukturellen Anpassungen einer Wirtschaft wider, die ihre komparativen Vorteile ausnutzen will. Ist dieser Rückgang allerdings stärker als die hinzugewonnene Produktivität im Ressourcensektor, kommt es insgesamt trotz zusätzlicher Rohstoffe zu einem Wohlfahrtsverlust und damit zur Holländischen Krankheit.

Ein Großteil dieser Vorhersagen lässt sich empirisch nachweisen. Nach einem Ressourcenboom steigen Löhne und Beschäftigung, während die Bevölkerung in der ganzen Region zunimmt. Die Beschäftigung im handeltreibenden Teilsektor des verarbeitenden Gewerbes nimmt ab. Im Angesicht eines regionalen Ressourcenbooms können Übertragungseffekte auf Sektoren, die nicht direkt mit den Ressourcen in Verbindung stehen, auf verschiedene Weisen erklärt werden. Dabei stehen Arbeitskräftebewegungen im Mittelpunkt der Betrachtung. Interregionale Migration führt dazu, dass die Symptome der Holländischen Krankheit abgeschwächt werden. Die Verlagerung von Arbeitskräften kann das Wachstum der lokalen Nachfrage kompensieren und einen Preisdruck erzeugen. Trotz vereinzelter Hinweise und die Feststellung von „Krankheitssymptomen" gibt es für die untersuchten Regionen keine signifikanten Belege dafür, dass sich der Ressourcenboom auch langfristig negativ auf die regionale Wirtschaft auswirkt, was die Hauptidee der Holländischen Krankheit ist. Zumindest in den betrachteten Regionen von entwickelten Ländern scheint Ressourcenreichtum auch in der langen Frist auf die lokale Wirtschaft als Ganzes mehr positive als negative Auswirkungen zu haben. Diesen Erkenntnissen zur Folge sollten ressourcenreiche Regionen an ihrem jeweiligen Rohstoffsektor festhalten, womit die Leitfrage der Masterarbeit beantwortet werden kann. In der Diskussion wird die Allgemeingültigkeit der Ergebnisse in Frage gestellt, wobei vor allem die institutionelle Qualität darüber zu entscheiden scheint, ob der Abbau natürlicher Ressourcen zu einem „Fluch" oder „Segen" wird.

Die wirtschaftspolitischen Entscheidungsträger können vor dem Hintergrund des Wissens um die ökonomischen Mechanismen der Holländischen Krankheit konkrete Vorkehrungen treffen, um negative Auswirkungen eines Ressourcenbooms einzudämmen. Die Akteure haben grundsätzlich drei Möglichkeiten, das zusätzliche Einkommen zu verwenden. Dabei sollte vor allem die internationale Wettbewerbsfähigkeit des handeltreibenden, ressourcenunabhängigen Sektors innerhalb des verarbeitenden Gewerbes berücksichtigt werden. Die Einnahmen können im Ausland investiert werden, was den Konsum zunächst in die Zukunft verlagert, während die Wirtschaft nicht unter verschlechterten Wechselkursbedingungen oder einem höheren Lohnniveau seine internationale Wettbewerbsfähigkeit verliert. Die Einnahmen werden im Inland bzw. in der heimischen Region investiert. Investitionen sind die Grundlage für den Aufbau von Produktionskapazitäten und schaffen Wettbewerbsvorteile auf vielen Ebenen. Beide Verwendungsarten minimieren das Risiko für die Holländische Krankheit. Demgegenüber steht die Möglichkeit, die Einnahmen sofort über Transferzahlungen in den Konsum fließen zu lassen. Dadurch lassen sich einerseits positive Nachfrageeffekte erzielen, andererseits führt diese Maßnahme aber auch zu einem höheren Preisniveau.

Aus den theoretischen und empirischen Überlegungen dieser Arbeit werden Schwierigkeiten bei der Behandlung des Themas aufgedeckt. Die Auswirkungen eines lokalen Ressourcenbooms sind stark davon abhängig, um welche Art von Ressource es sich handelt sowie von den regionalen Gegebenheiten und dem Beobachtungszeitraum. Verallgemeinerungen über die Auswirkungen von lokalen Ressourcenbooms auf das Wachstum vorzunehmen, sind damit nur schwer möglich. Hinzu kommen große regionale Unterschiede, die eine Vergleichbarkeit von Erkenntnissen über regionale oder Landesgrenzen hinweg erschweren. Dennoch könnte man

Jean Bodin nach heutigem Kenntnisstand wohl abschließend antworten, dass Menschen, die in fruchtbaren Regionen leben, vermutlich bessere Chancen auf ein Leben in Wohlstand haben, als Menschen, die mit einem kargen Land vorlieb nehmen müssen.

Weitere Untersuchungen, die neben den ökonomischen Mechanismen auch die sozialen, umweltbezogenen und geographischen Faktoren berücksichtigen, versprechen einen weiteren Erkenntnisgewinn und stellen momentan noch eine Forschungslücke dar. Dabei könnten gerade interdisziplinäre Ansätze dabei helfen, das Phänomen der Holländischen Krankheit innerhalb von Ländern besser zu verstehen und durch gezielte politische Maßnahmen den Strukturwandel von einer, auf natürlichen Rohstoffen basierenden Wirtschaft zu einer nachhaltigen, umweltfreundlichen Ökonomie zu begleiten.

Literaturverzeichnis

Allcott, H. und Keniston, D. (2014), Dutch Disease or Agglomeration? The Local Economic Effects of Natural Resource Booms in Modern America. NBER Working Paper Series, Working Paper 20508.

Allcott, H. und Keniston, D. (2017), Dutch Disease or Agglomeration? The Local Economic Effects of Natural Resource Booms in Modern America, The Review of Economic Studies, Volume 85, Issue 2, April 2018, 695–731.

Andersson, M. und Lööf, H. (2011), Agglomeration and Productivity: Evidence from Firm-Level Data. Regional science, 46(3), 601–620.

Aragon, F.; Chuhan-Pole, P. und Land, B. (2015), The local economic impacts of resource abundance: What have we learned? World Bank Group Policy Research Working Paper 7263.

Arrow, K. J. (1962), The Economic Implications of Learning by Doing. Review of Economic Studies, 29, 3, 155–173.

Auty, R. (1993), Sustaining Development in Mineral Economies: The Resource Curse Thesis. Routledge, London.

Baily, M.; Bartelsman, E.J. und Haltiwanger, J. (2001), Labor productivity: structural change and cyclical dynamics. The Review of Economics and Statistics, 83(3), 420–433.

Bardt, H. (2005), Rohstoffreichtum: Fluch oder Segen? IW-Trends – Vierteljahresschrift zur empirischen Wirtschaftsforschung, ISSN 1864-810X, Institut der deutschen Wirtschaft (IW), Köln, Vol. 32, Iss. 1, 33–43.

Beine, M.; Bos, C. und Coulombe, S. (2012), Does the Canadian economy suffer from Dutch disease? Resource and Energy Economics, 34(4), 468–492.

Beine, M.; Coulombe, S., und Vermeulen, W. (2014), Dutch Disease and the Mitigation Effect of Migration: Evidence from Canadian Provinces. The Economic Journal, 125(589), 1574–1615.

Bjerkholt, O. (2002), Fiscal Rule Suggestions for Economies with Non-Renewable Resources, mimeo, University of Oslo.

Bjørnland, H. C. und Thorsrud, L. A. (2014), What is the effect of an oil price decrease on the Norwegian economy. Oslo: Norwegian Bank.

Bjørnland, H. C. und Thorsrud, L. A. (2016), Boom or Gloom? Examining the Dutch Disease in Two-speed Economies, The Economic Journal, 126(598), 2219–2256.

Bjørnland, H. C.; Thorsrud, L. A. und Torvik, R. (2018), Dutch Disease Dynamics Reconsidered. Working Papers No 4/2018, Centre for Applied Macro- and Petroleum economics (CAMP), BI Norwegian Business School.

Black, D.; McKinnish, T. und Sanders, S. (2005), The Economic Impact of the Coal Boom and Bust. The Economic Journal, Vol. 115, No. 503, 449–476.

Bodin, J. (1606), The Six Bookes of a Commonweale. Written by Jean Bodin. Out of the French and Latin Copies done into English, by Richard Knolles, Impensis G. Bishop, London.

Boschma, R. (2015), Towards an evolutionary perspective on regional resilience. Regional Studies, 49(5), 733–751.

Boyce, J. R.; und Emery, J. C. H. (2011), Is a negative correlation between resource abundance and growth sufficient evidence that there is a "resource curse". Resources Policy 36(1), 1–13.

Brunstad, R. J. und Dyrstad, J. M. (1997), Booming sector and wage effects: An empirical analysis on Norwegian data. Oxford Economic Papers, 49 (1), 89–103.

Brülhart, M. und Sbergami, F. (2009), Agglomeration and growth: Cross-country evidence. Journal of Urban Economics, 65(1), 48–63.

Caner, M. und Grennes, T. (2010), Sovereign Wealth Funds: The Norwegian Experience. World Economy, 33(4), 597–614.

Caselli, F. und Michaels, G. (2013), Do Oil Windfalls Improve Living Standards? Evidence from Brazil, American Economic Journal, Applied Economics, 51, 208–38.

Combes, P.; Duranton, G.; Gobillon, L.; Puga, D. und Roux, S. (2012), The Productivity Advantages of Large Cities: Distinguishing Agglomeration From Firm Selection, Econometrica, 80(6), 2543–2594.

Corden, M. und Neary, J. (1982), Booming Sector and De-Industrialisation in a Small Open Economy. The Economic Journal 92 (December), 825–848.

Corden, M. (2012), Dutch disease in Australia policy options for a three-speed economy. Australian Economic Review, 45(3), 290–304.

Coulombe, S. (2011), Lagging Behind: Productivity and the Good Fortune of Canadian Provinces. C.D. Howe Institute Commentary 331. C.D. Howe Institute, Toronto.

Cust, J., und Poelhekke, S. (2015), The Local Economic Impacts of Natural Resource Extraction. Annual Review of Resource Economics, 7(1), 251–268.

Deller, S. und Schreiber, A. (2013), Mining and community economic growth, The Review of Regional Studies, 42 (2), 121–141.

Dubé, J., und Polèse, M. (2015), Resource Curse and Regional Development: Does Dutch Disease Apply to Local Economies? Evidence from Canada. Growth and Change, 46(1), 38–57.

Fagerberg, J. (2000), Schumpeter and the Revival of Evolutionary Economics: An Appraisal of the Literature. Journal of Evolutionary Economics 13 (2), 125–159.

Feldman, M. P. (1999), The new economics of innovation, spillovers, and agglomeration: A review of empirical studies. Economics of Innovation New Technologies, 8(1–2), 5–25.

Freeman, D. G. (2009), The "Resource Curse" and regional US development, Applied Economics Letters 16(5), 527–530.

Funke, M., und Niebuhr, A. (2005), Regional Geographic Research and Development Spillovers and Economic Growth: Evidence from West Germany, Regional Studies 39, 143–153.

Gilberthorpe, E. und Papyrakis, E. (2015), The extractive industries and development: The resource curse at the micro, meso and macro levels. The Extractive Industries and Society, 2, 381–390.

Gylfason, T.; Tryggvi, H. T. und Gylfi, Z. (1999), A Mixed Blessing: Natural Resources and Economic Growth. Macroeconomic Dynamics, 3(2), 204–25.

Gylfason, T. (2001), Lessons from the Dutch Disease Causes, Treatment, and Cures. Institute of Economic Studies. Working Paper Series W01:06, Iceland.

Gylfason, T. (2011), Natural resources endowment: A mixed blessing? CESifo Working Paper No. 3353.

Hartwick, J. M. (1977), Intergenerational Equity and the Investing of Rents from Exhaustible Resources. American Economic Review 66, 972–974.

Hajkowics, S.; Heyenga, S. und Moffat, K. (2011), The relationship between mining and socio-economic well-being in Australia's regions. Resources Policy 36, 30–38.

James, A. und Aadland, D. (2011), The Curse of Natural Resources: An Empirical Investigation of U.S. Counties. Resource and Energy Economics, Vol. 33, 440–453.

Krugman, P. (1987), The narrow moving band, the Dutch disease, and the competitive consequences of Mrs. Thatcher. Journal of Development Economics, 27, 41–55.

Krämer, H. (2018), Rent Seeking, abgerufen am 01.03.2020: https://wirtschaftslexikon.gabler.de/definition/rent-seeking-44539/version-267847.

Lucas, R. (1988), On the Mechanics of Economic Development, Journal of Monetary Economics, January 1988, 22, 3–22.

Magud, N. und Sosa, S. (2010), When and why worry about real exchange appreciation? The missing link between Dutch Disease and growth, IMF working paper No 10/271, 1–32.

Martin, P. und Ottaviano, G. (1999), Growing locations: Industry location in a model of endogenous growth. European Economic Review 43, 281–302.

Mevius, F.X. und Albarracin, I. (2008), Bolivia and the Dutch Disease: What are the Risks and How to Avoid Them? Working paper No. 09/08, IISEC-UCB.

Mehlum, H.; Moene, K.; und Torvik, R. (2006), Institutions and the resource curse. The Economic Journal, 116(508), 1–20.

Michaels, G. (2011), The Long Term Consequences of Resource-Based Specialization. The Economic Journal. 121(551), 31–57.

Mildenberger, M. und Leiserowitz, A. (2017), Public opinion on climate change: Is there an economy–environment tradeoff? Environmental Politics, 26(5), 801–824.

Mussel, G. und Pätzold, J. (2003), Grundfragen der Wirtschaftspolitik. 5. Auflage. Vahlen Verlag München. 1–273.

Oomes, N. und Kalcheva, K. (2007). Diagnosing Dutch Disease: Does Russia Have the Symptoms? SSRN Electronic Journal, BOFIT Discussion Paper No. 7.

Papyrakis, E. und Gerlagh, R. (2007), Resource Abundance and Economic Growth in the United States, European Economic Review, 51, 1011–1039.

Papyrakis, E. und Raveh, O. (2014), An Empirical Analysis of a Regional Dutch Disease: The Case of Canada. Environ Resource Econ 58, 179–198.

Rajan, R. G. und Subramanian, A. (2005), What Undermines Aid's Impact on Growth? Working Paper 11657. Cambridge, Mass.: National Bureau of Economic Research.

Raveh, O. (2013), Dutch Disease, factor mobility, and the Alberta Effect: The case of federations. Canadian Journal of Economics/Revue Canadienne D'économique, 46(4), 1317–1350.

Ray, D.; Lamarche, R. und MacLachlan, I. (2013), Restoring the "Regional" to Regional Policy: A Regional Typology of Western Canada. Canadian Public Policy, 39(3), 411–430.

Røed Larsen, E. (2006), Escaping the Resource Curse and the Dutch Disease? American Journal of Economics and Sociology, 65(3), 605–640.

Romer, P. M. (1986), Increasing Returns and Long-Run Growth, Journal of Political Economy, October 1986, 94, 1002–1037.

Rosenbaum, L. (2016), "List of Bans Worldwide", abgerufen am 10.03.2020: https://keeptapwatersafe.org/global-bans-on-fracking/.

Sachs, J. (1981), The Current Account and Macroeconomic Adjustment in the 1970s, Brookings Papers on Economic Activity, Vol. 1, 201–68.

Sachs, J. und Warner, A. (1995), Natural Resource Abundance and Economic Growth, NBER Working Paper Series, 3, 54.

Sachs, J. und Warner, A. (2001), The curse of natural resources, European Economic Review 45, 827–838.

Schumpeter, J. A. (1934), The theory of economic development: An inquiry into profits, capital, credit, interest and the business cycle. Cambridge, MA: Harvard University Press.

Sinn, H. W. und Westermann, F. (2001), Two Mezzogiornos. CESifo Working Paper No. 378, München.

Sinn, H. W. (2015), The Greek Tragedy, CESifo Forum, ISSN 2190-717X, ifo Institut – Leibniz-Institut für Wirtschaftsforschung an der Universität München, München, Vol. 16, Iss. Special Issue, 5–35.

Shafiullah, M.; Selvanathan, S.; Naranpanawa, A. und Chai, A. (2018), Examining Dutch disease across Australian regions. The World Economy.

Stiglitz, J. (2006), Making globalization work. New York: Norton

The Economist, (1977), The Dutch Disease. November 26., 82–83.

Torvik, R. (2001), Learning by doing and the Dutch disease. European Economic Review, 45, 285–306.

Van der Ploeg, F. und Venables, A. (2011), Harnessing Windfall Revenues: Optimal Policies for Resource-Rich Developing Economies. Economic Journal 121, 1–30.

Van Wijnbergen, S. (1984), The "Dutch Disease": A Disease After All? The Economic Journal, 94 (373), 43–53.

Wahba, J. (1998), The transmission of Dutch Disease and labour immigration. Journal of International Trade & Economic Development 7, 355–365.

Anhang

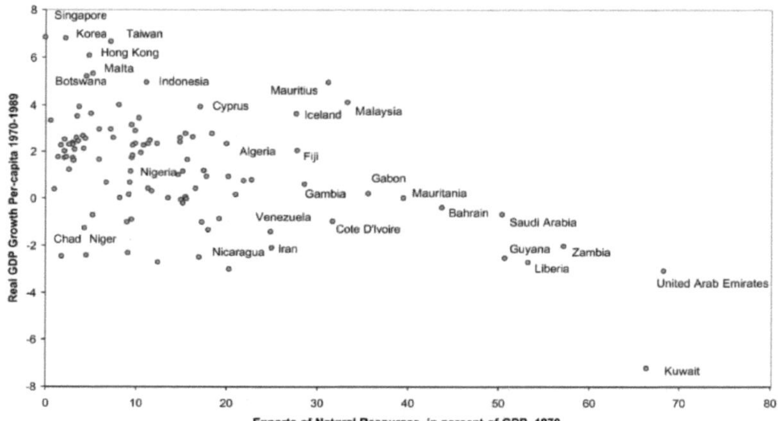

Abbildung 10: Wachstum und Ressourcenabhängigkeit 1970-1989
Quelle: Sachs und Warner 2001, S. 829.

Dependent variable:	(1) Inflation	(2) Capital Movement	(3) Growth in Overall Exports	(4) Growth in Overall Exports	(5) Growth in Overall Exports	(6) Inflation	(7) Capital Movement
Mineral Resources (t-1)	0.022*** (0.006)	−0.065 (0.121)	0.015 (0.055)	0.084*** (0.029)	0.052* (0.029)		
Non-Mineral Resources (t-1)						0.221 (0.145)	0.273 (0.559)
Inflation				−1.081*** (0.250)			
Capital movement				0.142 (0.123)			
Inflation ($\varphi + \varepsilon$)					−1.082*** (0.250)		
Capital movement ($\chi + \upsilon$)					0.142 (0.123)		
Overall exports (t-1)			−0.198*** (0.038)	−0.395*** (0.073)	−0.395*** (0.073)		
Prices (t-1)	−0.0005*** (0.0001)			0.0009** (0.0004)	0.002*** (0.0004)	−0.0005*** (0.0001)	
Capital (t-1)		−0.812** (0.322)		0.29 (0.18)	0.177 (0.214)		−0.808*** (0.243)
R^2 adjusted - within	0.16	0.07	0.07	0.20	0.20	0.17	0.07
R^2 adjusted - between	0.03	0.14	0.10	0.17	0.17	0.27	0.10
N	223	223	223	223	223	223	223

Tabelle 3: Die Holländische Krankheit innerhalb von Kanada

Anmerkungen: Die Standardfehler sind robust, nach Provinzen/Gebieten gebündelt und erscheinen in Klammern. Alle Regressionen enthalten regionale Effekte und einen Intercept.

*, **, ***: Statistisch von Null verschieden mit 90 %, 95 % und 99 % Sicherheit.

Quelle: Papyrakis und Raveh 2014, S. 16.

	(1)	(2)	(3)	(4)	(5)
	All	Upstream / downstream	Non-linked	Non-linked and local	Non-linked and tradable
Employment					
Δln(National oil&gas employment) ×endowment	0.0351** (0.0133)	0.0463** (0.0176)	.0181 (0.0115)	0.0433*** (0.00584)	−0.0327* (0.0172)
Revenue					
Δln(National oil&gas employment) ×endowment	0.0676*** (0.0178)	0.0489* (0.0257)	0.0456*** (0.0133)	0.0670* (0.0361)	−0.0621 (0.0509)
Investment					
Δln(National oil&gas employment) ×endowment	0.118*** (0.0305)	0.109** (0.0438)	0.0587* (0.0315)	0.0984*** (0.0241)	−.00477 (0.0547)
Number of plants					
Δln(National oil&gas employment) ×endowment	0.0212*** (0.00233)	0.0307*** (0.00897)	0.00741** (0.00300)	0.0123* (0.00645)	−0.00955** (0.00371)
Employees per plant					
Δln(National oil&gas employment) ×endowment	0.00906 (0.0110)	0.0106 (0.00971)	0.00580 (0.0135)	0.0297*** (0.00740)	−.0316** (0.01540)
Observations	24,600	24,600	24,600	24,600	24,600

Tabelle 4: Die verschiedenen Teilsektoren des verarbeitenden Gewerbes

Anmerkungen: Die Tabelle enthält Schätzungen für verschiedene Indikatoren und Subsektoren des verarbeitenden Gewerbes unter Verwendung von REIS-Daten. Die abhängige Variable ist die Veränderung des natürlichen Logarithmus der aufgelisteten Indikatoren für 1972-1997.

*, **, ***: Statistisch von Null verschieden mit 90 %, 95 % und 99 % Sicherheit.

Quelle: Allcott und Keniston 2017, S. 719.